RETROBUCH 4

Was ist ein DoldeMedien RETROBUCH?

Die Zeiten waren ganz anders – und doch wieder nicht. Die Reihe RETROBUCH erweckt Werke, die vor Jahrzehnten zum Thema Caravaning und Freizeit geschrieben wurden, zu neuem Leben: unterhaltende Lektüre, witzige Betrachtungen und historische Zeugnisse. So war die mobile Welt, als unsere Eltern auszogen, sich campend die Freiheit zu erschließen.

Kathleen Graham-Green zog in ihrem langen Leben das Abenteuer an wie ein Magnet. Sie wurde 1897 in Südafrika als älteste Tochter eines Richters in Grahamstown geboren. Edward Graham-Green reiste ziemlich weit durch den Verwaltungsbezirk und nahm oftmals seine Familie mit. In Kathleens Jugend zog die Familie mit einem Ochsenkarren durch den Oranje Freistaat nach Transvaal und wurde in Mafikeng während der berühmten Belagerung mehrere Wochen festgehalten.

Als sie 1920 heiratete, scherzte Kathleen, dass sie bisher alle Bürgerkriege, Burenkriege, den Weltkrieg und die Rinderpest überlebt hätte und hoffte, ihr Glück würde anhalten. Ihr Ehemann Peter, dessen wirklicher Name Thomas Garland Harrison war, war bei der Königlichen Marine, und Aufgaben im Ausland ließen das Paar von ihrer Heimat in England in viele exotische Länder ziehen. Ihre einzige Tochter, Sheila Joyce, wurde 1924 auf den Bermudas geboren.

Wenige Zeit nach ihrer dramatischen Reise durch die Sahara wurde Captain Harrison, als die Feindseligkeiten gegen Deutschland begannen, aus dem Ruhestand zurückgerufen. Er versah noch einmal aktiven Dienst in Westafrika und im östlichen Mittelmeer, wo er mehrere Auszeichnungen, darunter auch den Orden des Britischen Empire, erhielt.

Kathleen schloss sich dem Geheimdienst an und ging nach Ägypten, wo sie in der Abteilung für Verschlüsselung arbeitete. Ihre Tochter beschäftigte sich mit Partys und Picknicks in der Wüste und entwickelte ihre lebenslange Liebe zu Pferden.

Nach dem Zweiten Weltkrieg kehrten die Harrisons nach Südafrika zurück, wo sie durch den Bau und Verkauf von Häusern zu einigem Wohlstand gelangten, bevor sie sich in Knysna, einem idyllischen Ort an der Küste, niederließen. Sie bereisten das südliche Afrika auch weiterhin in einem selbstgebauten Caravan und besuchten oft Sheila, die einen Ingenieur geheiratet hatte und im südlichen Rhodesien wohnte.

Peter starb 1982. Er blieb bis zuletzt aktiv: er angelte, ruderte und segelte in der Lagune von Knysna und munterte alle, die ihn kannten, mit seinem unverwechselbaren Humor auf. Seine Uniformen und Auszeichnungen können noch heute im Marinemuseum von Simonstown besichtigt werden. Es ist genau in dem Haus beheimatet, in dem Kathleen lebte, als sie und Peter sich kennenlernten.

Auch nach seinem Tod nahm Kathleen noch viele Jahre an Angelwettbewerben teil und war die Plage der Bridge-Zirkel in Knysna bis in ihre neunziger Jahre; ihr letzter Freund war ein Herr von 106 Jahren. Oftmals wunderte sie sich darüber, was wohl der „Stress" sei, von dem die jungen Leute so viel sprechen.

Kathleen verstarb in aller Ruhe am Tage vor ihrem 94. Geburtstag, am 23. August 1991.

Captain Peter Harrison

Kathleen Harrison

IMPRESSUM

Copyright: © 2006 by DoldeMedien Verlag GmbH, Postwiesenstr. 5A, 70327 Stuttgart

Titel der englischen Originalausgabe:
Kathleen Harrison · Off the Beaten Track

Herstellung: BOD Books on Demand GmbH, Norderstedt

Herausgegeben, übersetzt und durch Fußnoten ergänzt von Dr. Robert Hilgers

Nachdruck, auch auszugsweise, nur mit ausdrücklicher Genehmigung des Verlags und mit Quellenangabe gestattet. Alle Angaben ohne Gewähr.
PRINTED IN GERMANY · ISBN 3-928803-37-9

ABSEITS
AUSGETRETENER
PFADE

Eine Reise mit dem Caravan von England
nach Afrika in den dreißiger Jahren

KATHLEEN HARRISON

übersetzt von Dr. Robert Hilgers

Liste der Abbildungen

Zeitungsausschnitt „By car to South Africa"	12
Sheila, die Tochter, für die das Tagebuch geschrieben wurde	14
Ein letztes gemeinsames Foto, bevor Sheila ins Internat ging	14
Der letzte Tag in „Little Powisland", Crownhill, Plymouth, Devon	15
Der Kombi geht an Bord der S.S. Hythe. Folkstone, Kent	18
Die „Gute Hoffnung" wird in Folkstone, Kent, an Bord der S.S. Hythe gehievt.	20
Reparatur der gebrochenen Anhängerkupplung	23
Camping außerhalb von Marseille	27
Das Schiff, das uns von Marseille nach Algier brachte	38
Algier	39
Bei der Abfahrt von La Trappe, Algerien	48
Bei „El Tempha", Blida	49
Sparhis – ein berühmtes Araberregiment	50
Col de Medea, der Gipfel des Atlas – 3.900 Fuss	51
Laghouat. Im Hintergrund der Beginn der Saharawüste	54
Abreise aus Laghouat	55
Weihnachten	57
Weihnachten. Oase von Berriave (40 Meilen von Ghardaia)	57
Der Caravan wird aus dem Sand gezogen. Bei Seb Seb	58
Die Rekordjäger steckten im Sand	61
Auf dem Rückweg nach Ghardaia	62
Ein Brunnen in der Wüste und Araber	63
Neujahr	69
Bei El Golea	70

El Golea – Ein Blick auf die Palmen	71
Das Taddemait-Plateau	74
Fort Mirabelle, aufgenommen von Ouid	74
Das Taddemait-Plateau	75
Böse festgefahren außerhalb von In Salah	76
In Salah – Hôtel des Portes – Ruelle des Contributions Diverses	78
Bordj bei Arak	80
Hoggar Massiv	81
Tamanrasset – Hotel S.A.T. T.	82
Straße von Norden nach Tamanrasset (mit Lehmpfeilern)	83
Sand	84
Die Rettungsmannschaft	87
Der Lkw, der uns rettete, neben einem verlassenen Auto	89
Zeitungsartikel „African Adventure"	90
Farbige in Tamanrasset	105
S.A.T.T. Hotel in El Golea	112
El Golea	113
Bei El Golea	115
Der Caravan wird an Bord der „Djellili" gehievt. Algier	129
„Giulio Cesare". 21.900 Tonnen	137
„Boschkraal Addo", Südafrika	146
Durchquerung des Addo	146
Zeitungsausschnitt	174

Karte von Westeuropa & Nordafrika

6,500 MILES JOURNEY WITH CARAVAN

Com. and Mrs. T. G. Harrison with the car and caravan in which they propose crossing Africa from North to South.—"The Western Morning News" Photograph.

, 1937.

SAHARA TRIP IN CARAVAN

By Car To South Africa

PLYMOUTH COUPLE'S ADVENTURE

A PLYMOUTH man and woman will shortly set out on an adventure which recalls the days of the great pioneers, for they are to attempt something which has never yet been done: to journey through Africa from North to South in a car towing a caravan.

They are Com and Mrs. T. G. Harrison. Com. Harrison, who is shortly retiring on pension, has been in charge of reserve destroyers at Devonport, and prior to that was drafting commander.

The caravan in which he and his wife propose to live during the journey of about 10,000 miles is of his own design and construction. Some years ago he commenced building a caravan as a spare-time hobby. His first effort was so successful that he has followed it up by others, the present being his fifth.

HOME-BUILT CARAVAN.

When he reaches South Africa he proposes to settle there and build caravans for sale.

For towing the caravan he is using a 30h.p. Ford Utility car supplied by Messrs. Reeds' (Plymouth), Ltd. These cars have frequently been used on similar journeys, but it is the first time the car has had the added burden of a caravan to pull across desert roads. It will therefore prove a great test not only for Com. and Mrs. Harrison, but for the car and the caravan.

Neatness is a characteristic of the Navy, and Com. Harrison has certainly brought the task of space economy and stowing away to a fine art.

Beneath the floor is a water tank and further storage room, and the larder accommodation includes room for a frost box which the travellers are taking with them to assist in preserving their food supply.

PETROL RESERVES.

When he leaves the more populated areas of Northern Africa for the 800 miles trek across the desert, Com. Harrison proposes to carry with him 80 gallons of petrol, as the cost of petrol on the desert routes is about 10s. a gallon. Provision has also been made for carrying some 22 gallons of water.

Com. and Mrs. Harrison hope to start towards the end of this month, when they will cross to France travelling overland to Marseilles. From there they will go to Algiers, and then their really difficult journey of 6,000 miles will begin.

The route they propose taking is the Western route, via El Golea, Reggan, Gao (with a diversion to Timbuctoo), then on to Kand, Stanleyville, Elizabethville, then on the Cape to Cairo road at Livingstone, or east in Uganda.

PREPARED FOR ADVENTURE.

Provision has to be made for all sorts of emergencies when embarking on such a journey, and ropes and planks are some of the equipment which has to be taken, as well as some spare parts and breakdown gear.

They are both, however, quite prepared for difficulties, and are looking forward to the adventure. Mrs. Harrison's only regret is that on the doctor's advice she has had to decide to leave her 13-years-old daughter at home. The third berth in the caravan will, therefore, be unoccupied. Miss Harrison will join her parents, going out by ship, when they are settled.

1. November   *Bailie House*
Sturminster Marshall
Wimbourne,
Dorset

Meine liebe Sheila,

ich beginne heute mein Tagebuch und werde es in Form von Briefen an Dich schreiben, denn so wird es mir möglich sein, Dir alles zu erzählen, was wir auf unserer Reise von England nach Afrika jeden Tag tun; und ich vermute, dass es Dir nicht viel Interessantes zu berichten geben wird in den nächsten ein, zwei Wochen, weil Daddy nicht daran glaubt, dass es uns möglich sein wird, England vor Mitte des Monats zu verlassen – seine neue Caravanachse kam heute an, und er hatte hart daran zu arbeiten, die alte auszubauen und zudem regnete es die meiste Zeit und war keine angenehme oder leichte Arbeit; als ich ihn zuletzt kurz sah, war er zwar vom Kopf bis zu den Füßen verschmiert, schaute aber dennoch ganz glücklich. Da das Wetter so schlecht war, bestand Mrs. Fitzgerald darauf, dass wir im Haus wohnen, und so war es das erste Mal seit mehr als vier Monaten, dass wir außerhalb des Caravans schliefen, was wir als äußerst komfortabel empfanden, doch hoffe ich, es verweichlicht uns nicht allzu sehr, da wir wohl gezwungen sein werden, einige schrecklich kalte Tage durchzustehen, bevor wir dieses Land verlassen.

Es tut mir leid, dass diese Briefe an Dich stets nur ein Durchschlag dessen sein werden, was ich in dieses Tagebuch schreibe, doch da das Papier hübsch und dünn ist, ist es von großem Nutzen, und je dünner es ist, desto mehr kann ich per Luftpost schreiben.

2. November

Heute haben wir nichts Aufregendes erlebt: Daddy beendete seine Arbeit an der neuen Achse, und ich verabreichte dem Caravan den so sehr nötigen Frühjahrsputz.

Am Abend gingen wir in ein Kino in Bournemouth, und es schüttete aus vollen Kübeln den ganzen Weg hin und wieder zurück – und in der Tat, es regnete den ganzen Tag ununterbrochen.

Sheila, die Tochter, für die das Tagebuch geschrieben wurde (links)
Ein letztes gemeinsames Foto, bevor Sheila ins Internat ging (rechts)

3. November

Heute hatten wir einen sehr schönen sonnigen Tag – wie im Sommer –, und Daddy arbeitet noch immer am Caravan; diesmal montiert er einen neuen Tank auf der Deichsel. Am Abend spielten wir einige ganz nette amüsante Partien Bridge mit den Fitzgeralds.

4. November

Daddy hat beschlossen, dass wir versuchen müssen, England am Donnerstag, dem 11., zu verlassen; somit brechen wir hier am Samstagmorgen auf und werden nach Bath fahren, um Omi und Opa auf Wiedersehen zu sagen, und werden dort wohl einen Tag bleiben.

Wenn Du Sonntag schreibst, dann richte den Brief an: c/o National Provincial Bank, Palmeston Road, Southsea, Hants.

Heute sind wir mit den Fitzgeralds nach Bournemouth gegangen – ich hatte gehofft, angerufen zu werden und die Sharpes zu sehen, doch war dazu keine Zeit, als wir losgingen, um gegen 5 Uhr „Elephantenjunge"[1] zu sehen; ich muss Omi darum bitten, es mit Dir anzuschauen, wenn Du in den Ferien nach Bath kommst – Du wirst es mögen.

5. November

Ich erhielt heute Morgen einen Brief von Miss Deuce, in dem sie schrieb, Du wärest im Bett gewesen mit verdorbenem Magen – ich hoffe, daran waren nicht all die Süßigkeiten schuld, die wir Dir gaben! Doch bin ich sehr dankbar zu hören, dass Du wieder wohlauf bist.

Heute Morgen werden wir nach Poole gehen und versuchen, ein paar Rahmen für die Fotos von Daddy und mir zu bekommen, und ich werde mich bemühen, sie Dir noch heute zu schicken – tut mir leid, aber die Fotos sind nicht sehr gut – meine sind zwar nicht schlecht, aber die von Daddy sind überhaupt nicht schön.

Der letzte Tag in „Little Powisland", Crownhill, Plymouth, Devon.

6. November

Ich schickte die Fotos gestern ab und hoffe, Dir gefallen die Rahmen, die ich dafür besorgt habe.

Wir verließen Sturminster Marshall gleich nach dem Frühstück und erreichten die Außenbezirke von Bath um die Mittagszeit – nach dem Mittagessen gingen wir Omi und Opa besuchen und tranken Tee bei ihnen – dann besuchten wir Tante Mary. Am Abend waren wir dann alle bei Omi und Opa zum Abendessen, unterhielten uns und organisierten all die Dinge, von denen wir wollten, dass sie sie in unserer Abwesenheit erledigen – ihre Adresse, für den Fall, dass Du sie nicht bekommen hast, ist: Cleveland Hotel, Pulteney Street, Bath, Somerset. Das Hotel ist nicht übel, doch bedauere ich, dass es keinen Garten hat, doch denke ich, Dir werden Deine Ferien dort dennoch gefallen; wahrscheinlich wirst Du Gelegenheit haben, in den Bädern zu schwimmen; sie sind sehr schön – finde ich.

7. November

Nachdem wir unseren Platz in der Nähe von Bath schon bald nach dem Frühstück verließen, kamen wir schnell bis nach Portsmouth voran und campten auf dem Platz bei Emsworth, auf dem wir schon waren, als die Hicklings hier lebten – ich vermute, Du wirst Dich nicht mehr daran erinnern, da es schon sechs Jahre her ist, doch der Bauer erinnerte sich unser hinreichend und schien hocherfreut, uns zu sehen.

Nach dem Tee schrieben wir Briefe und brachen dann zu einem Besuch bei Commander und Mrs. Owen auf, die ein Haus in Emsworth gekauft haben; sehr höflich luden sie uns zum Abendessen ein, und wir beide waren darüber sehr erfreut, besonders da wir sie seit einigen Jahren nicht gesehen hatten und so ausgelassen über alte Zeiten reden konnten.

8. November

Habe den Großteil des Tages in Southsea mit dem Bankmanager verbracht, um zu organisieren, dass uns unsere Post nachgesandt wird, ebenso die ganzen Geldgeschäfte etc. Nachdem das alles erledigt war, hetzten wir umher und erledigten unsere Last-Minute-Einkäufe; danach gingen wir zum Tee zu Tante Gwynneth. Wir trafen Rosemary daheim an – offenbar hat sie sich in diesem Schuljahr nicht wohlgefühlt und der Doktor meinte, sie müsse daheim bleiben und sich längere Zeit ausruhen, so dass sie frühestens nach Weihnachten zurück in die Schule gehen wird. Abends aßen wir mit Tante Gwynneth im Queens Hotel.

9. November

Gerade als wir sehr früh am Morgen alles sorgsam verpackt hatten und gerade aufbrechen wollten, erschien auf der Szenerie ein Nachrichtenreporter – offenbar hatte er von uns gehört und wollte für sein Blatt einen Artikel schreiben; er sagte, er schreibe für den „Daily Mirror" und die „Portsmouth Evening News" – nur damit Du uns gedruckt wieder sehen kannst.

Wir hatten eine wundervolle Strecke heute, hielten beim Haus der Owens und sagten auf Wiedersehen, hielten noch einmal in Brighton, um das Mittagessen einzukaufen, welches wir dann im Auto auf dem Gipfel eines Hügels am Rande von Newhaven aßen – doch ich mochte es nicht genießen, da, gerade als wir da waren, ein armer alter Landstreicher vorbeikam, ohne Sohlen an den Stiefeln, was mich sehr bedrückte; und uns schien, wir hätten Dutzende von Landstreichern heute überholt – zumeist ältere Männer, die zu erbärmlich ausschauen, als dass es Worte dafür gäbe.

Wir hielten uns an der Küstenstraße entlang: Brighton, Eastbourne, Hastings, Rye, Hythe und Folkestone. Es war eine höchst interessante Strecke – nichts als Reihen von Häusern und Hotels im ersten Abschnitt und dann von Rye an war es flaches Marschland, genau wie der Teil von Belgien, durch den wir letztes Jahr auf der Strecke von Ostende nach Brüssel gekommen sind. Bei der Ankunft in Folkestone war ich höchst verzückt, Deinen Brief vorzufinden, doch gefiel es mir gar nicht zu hören, dass Du eine Erkältung bekommen hast – ich hoffe, Du bist sie mittlerweile losgeworden. Am Abend campten wir auf einem Platz etwa eine Meile außerhalb von Folkestone; er gehört zu einem Pub namens „The Valiant Sailor" – wir stehen gleich über der Klippe und schauen auf den Kanal; es ist sehr kalt und stürmt heftig, und ich hoffe, dass es sich bis

Donnerstag beruhigt, da ich weiß, ich würde mich schämen müssen, seekrank zu sein, wenn ich bei derartigem Wetter aufs Wasser muss. Falls Du Sonntag schreibst, musst Du Deinen Brief adressieren an: c/o Poste restante Mâcon, Saône et Loire, France; Daddy wird Dir ein mit Maschine geschriebenes Verzeichnis der Orte schicken, an die die Post soll, so dass Du einen besseren Überblick hast, bevor Du sie adressierst.

10. November

Ich erledige diesen Brief jetzt rasch, da ich ihn heute Nachmittag auf dem Weg nach Walmer, wo wir Tante Violet sehen, abschicken möchte. Wir werden morgen wohl in solcher Eile sein, dass es kaum Zeit dafür geben wird, da wir schon um 9 Uhr unten bei den Docks sein müssen. Und da wir auf einem ziemlich abschüssigen Grasgelände stehen, gibt es immerhin die Möglichkeit, falls es regnen sollte, dass wir beim Loskommen einige Schwierigkeiten haben werden – ich hoffe nicht, dass sich das Auto so verhält, wie der alte Morris Oxford, als wir Deutschland verließen.

Es stürmt immer noch schrecklich und ist frostig kalt – viel zu kalt fürs Caravaning.

Auf Wiedersehen, mein Schatz, und ich hoffe, Du bist wieder wohlauf – und vergiss nicht, mir schöne, lange Briefe zu schreiben und mir alles zu erzählen.

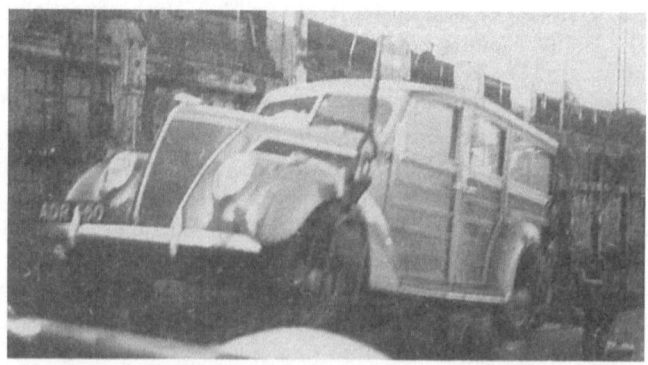

Der Kombi geht an Bord der S.S. Hythe. Folkstone, Kent.

11. November

Was war das für ein Tag! Wir sind um 6 Uhr früh aufgestanden und, nachdem wir bei der Post vorbeigeschaut und noch einige Gelegenheitskäufe unternommen hatten, waren wir um 9 Uhr unten im Hafen von Folkestone – es war bitterkalt und wir mussten warten (jedenfalls ich; Daddy war die meiste Zeit sehr beschäftigt mit den Pässen und den Leuten vom Zoll) so etwa bis 10.30. Dann gab es für uns die schrecklichste Begegnung: Das arme kleine Schiff rollte und rollte wie ein Tümmler – es war die S.S. Hythe, die für gewöhnlich keine Passagiere befördert, sondern nur Fahrzeuge und Fracht, doch Daddy zog es vor, auf ihr mitzufahren, so dass er das Ein- und Ausladen des Caravans beobachten konnte. Wir hätten auch auf der „The Maid of Kent" fahren können, die die Passagiere befördert, doch ich hatte gesagt, ich wolle mit ihm fahren – und wie sehr habe ich das schon auf halber Strecke bereut! Ich bin über die Auswirkungen bis jetzt noch nicht hinüber, aber ich schaffte es, nicht krank zu werden, was schon einiges bedeutet.

Nach der Landung in Boulonge um 12.30 wurden wir erneut für etwa anderthalb Stunden aufgehalten – die Leute vom Zoll waren sehr aufgeregt über unsere Waffen und die Munition. Offenbar hatte der R.A.C.[2] einige Fehler gemacht: Sie hatten uns informiert, dass es möglich sei, eine Erlaubnis dafür in Boulogne zu bekommen, doch es stellte sich heraus, dass wir dies hätten tun sollen, bevor wir England verließen – Ergebnis all dessen war nach dem Durchblättern von über einem Dutzend Regelwerken, dass sie alles konfiszierten! Sie versicherten uns, dass sie, sobald sie die zuständigen Leute in Paris erreicht hätten und aus Paris die Genehmigung vorläge, sie sie uns nach Marseille senden würden, doch war uns etwas mulmig bei dem Gefühl, sie dort wirklich zurückzubekommen – diese Leute erwecken den Anschein, einfach etwas zu versprechen, und wir haben die Erfahrung gemacht, dass es dann immer zu endlosen Schwierigkeiten kommt – und in der Tat sind wir im Zweifel, ob wir nicht morgen nach Boulogne zurückkehren sollten, um dort zu warten, bis die Genehmigung eintrifft.

Momentan stehen wir auf einer Wiese in der Nähe von Abbeville; es ist viel wärmer als in England in den letzten beiden Tagen, doch das ganze Land scheint überschwemmt – es muss hier in Strömen geregnet haben.

Letzte Nacht aßen wir mit den Dawsons – sie haben ein sehr hübsches Diensthaus in Deal, da er bei der Marine-Kaserne dort beschäftigt ist. Tante Violet sagte, sie werde Dir schreiben und möchte Dich, wenn Du magst, in den Ferien zu sich nehmen – was sehr nett von ihr ist; sie hat einen zweiten Foxterrier namens Derry – er ist ein etwas größerer Hund als Jock und hat einen viel längeren Schwanz.

Im Postbüro fanden wir heute Morgen ein Paket von Commander und Mrs. Lewis vor, und drin war eine sehr schöne Plakette des Hl. Christophorus, des Schutzpatrons der Reisenden, und eine Karte, mit der sie uns Glück wünschten – ist das nicht nett von ihnen?

Da Tag des Waffenstillstands[3] ist, wehten massenhaft französische und britische Flaggen in allen Städten, durch die wir kamen, und alle Kriegsgedenkstätten waren überschüttet mit Blumen – in Frankreich ist das ein Feiertag.

Die „Gute Hoffnung" wird in Folkstone, Kent, an Bord der S.S. Hythe gehievt.

12. November

Heute war ein ziemlich träger Tag, da wir entschieden haben, nicht weiterzufahren, bis wir etwas von den Waffen und der Munition hören. Daddy rief heute Morgen beim Zoll an, doch unglücklicherweise gaben sie wenig Anlass zu der Hoffnung, dass die Genehmigung vor Montag ankäme – auch schienen sie der Ansicht zu sein, dass es schwierig sein würde, sie mit dem Zug nach Marseille zu senden, so dass wir hier auf die Genehmigung warten, zurückfahren und das Zeug holen müssen – ich reime mir zusammen, dass sie sich angesichts des Krieges in Spanien so anstellen wegen der Munition.[4]

Heute Nachmittag waren wir spazieren – entlang einer endlos langen und ziemlich langweiligen Straße. Ich fürchte, es wird uns ziemlich langweilig werden, wenn wir hier noch länger bleiben müssen, da es hier außer Spazierengehen nichts gibt; doch die Sonne schien den Großteil des Tages und von diesem Aspekt her war es sehr schön.

13. November

Sehr zu unserer Überraschung und Freude kam letzte Nacht ein Telegramm vom R.A.C. an. Der Repräsentant in Boulogne teilte mit, dass die Genehmigung angekommen sei und ob wir gegen Mittag Waffen und Munition abholen könnten. Jetzt haben wir alles beisammen und beabsichtigen, unseren Weg morgen bei Tagesanbruch fortzusetzen. Nur dass es ziemlich anstrengend ist, jetzt sehr früh am Morgen aufzustehen, da es dann noch so kalt ist – ich war zu voreilig, als ich meinte, hier wäre es wärmer als in England! Es ist sehr schön, wenn die Sonne hoch steht, doch die Nächte sind frostig kalt – heute Morgen gab es gar einen ziemlichen Reif; wir hoffen, Mâcon wird ein wenig wärmer sein. All die Waffen und Munitionsteile sind nunmehr fest versiegelt, und ich weiß nicht, wann man uns erlauben wird, sie zu öffnen.

14. November

Der Start heute Morgen war wegen Frost stark verspätet; alles Wasser war gefroren und es war schrecklich kalt, doch die Sonne kam hervor und alles war so hübsch, bis die Sonne um 16.30 unterging und es wieder bitterkalt wurde, und unglücklicherweise waren wir zu der Zeit noch nicht auf dem Campingplatz, da wir in den Außenbezirken von Paris waren und es dort nichts außer meilenlangen Häuserzeilen gab. Wir fuhren und fuhren bis gegen 19 Uhr und passierten in der Dunkelheit endlose Ströme von Fahrzeugen, die alle auf dem Weg zurück nach Paris aus dem Wald von Fontainebleau waren, wo sie offenbar den Sonntagnachmittag verbracht hatten. Wir kamen in diesen Riesenverkehr, noch bevor wir Versailles erreichten. Endlich hatten wir es so satt, in der Dunkelheit herumzufahren, nichts zu sehen außer den Autolampen, dass wir, sobald wir aus Fontainebleau heraus waren und aufs offene Land kamen, wir die Straße verließen und auf einen einigermaßen großen Flecken Gras in der Nähe eines Wäldchens fuhren – es ist wirklich einigermaßen komfortabel, doch die vorbeifahrenden Autos machen ein ziemliches Getöse und ich vermute, dass wir nicht allzu gut schlafen werden, doch angesichts der Kälte sind wir dankbar über den Halt und uns ein bisschen aufzuwärmen – wir fragen uns, welches Wetter Du wohl gerade in England haben magst.

15. November

Nach alledem war die letzte Nacht gar nicht so schlecht, doch heute Morgen war wieder alles gefroren und das ganze Land sah aus wie auf einer Weihnachtskarte – unglücklicherweise konnte die Sonne nicht scheinen, da es dicken Nebel gab, der den Großteil des Tages andauerte.

Der Reif blieb bis etwa drei Uhr auf den Bäumen und Büschen; ich hätte mir nie träumen lassen, dass wir zu dieser Jahreszeit in diesem Teil der Welt Frost und Kälte hätten. Mittags hatten wir das Gefühl, dass eine gute, warme Mahlzeit angesagt sei, und da es zu lange gedauert hätte, sie selbst im Caravan zuzubereiten, gingen wir in ein Restaurant nach Auxerre.

Jetzt campen wir auf einer Wiese außerhalb von Avallon bei einem Dorf namens Cussy-les-Forges, und wir beide meinen, es wäre etwas wärmer hier, aber nicht viel.

Ich kaufte eine „Continental Daily Mail"[5] in Avallon und lese darin, dass Du auch in England Schnee und Frost hast – bisher hatten wir noch keinen Schnee, aber ich fühle, dass es sehr wohl möglich wäre.

Reparatur der gebrochenen Anhängerkupplung

16. November

Hatten schon wieder den furchtbarsten Frost in der Nacht und mussten schon den dritten Morgen unser Wasser vor dem Benutzen schmelzen – auch der Tank unter dem Boden war gefroren und heute Morgen gab's Eis im Caravan! Doch wir schaffen es, es einigermaßen warm und gemütlich in unseren Betten zu haben, doch es kostet Anstrengung, aus ihnen herauszukommen.

Auf den ersten 40 Meilen unserer heutigen Fahrt hatten wir den prächtigsten Sonnenschein und fuhren dann in den Nebel, als wir begannen, die Cote d'Or in Burgund zu ersteigen, und alles wurde weißer und weißer, bis die ganze Welt ringsum weiß war, nicht durch Schnee, sondern durch Frost – es war zwar sehr schön, aber bitter, bitter kalt, eine wirklich schöne, trockene Kälte. All die frostbedeckten Weingärten Burgunds, an denen wir vorbeifuhren, sahen so fremdartig für mich aus, wo ich mir doch immer Burgund als ein Sonnenland vorgestellt hatte.

Unsere heutige Route ging über Saulieu, Chalon-sur-Saône, Tournus und Mâcon, wo wir Briefe abholten; doch da Deiner bislang noch nicht angekommen war, bleiben wir die Nacht über auf einem Platz in der Nähe der Stadt und hoffen, dass er morgen ankommt.

Gott sei Dank hat Tauwetter begonnen und wir haben große Hoffnung, morgen in der Frühe eine normal aussehende Welt vorzufinden – ich bin diesen Frost leid, so schön er auch aussehen mag.

Wir haben ganz nah am Ufer des Flusses Saône gecampt. Wir könnten zwar hinuntergehen, doch haben wir das Gefühl, in diesem kalten Wetter nicht allzu nahe daran sein zu müssen. Im Sommer muss das hier ein wunderbarer Platz sein; etwa wie unsere Campingplätze in Deutschland entlang des Rheins.

17. November

Hatte einen sehr leichten Tag heute und einen Generalputz gemacht. Unglücklicherweise ist Dein Brief bis jetzt noch nicht angelangt – wir hoffen auf morgen früh – und falls nicht, glauben wir, dass Du ihn nach Avignon adressiert hast und werden unsere Reise fortsetzen und unsere Adressänderung hier hinterlassen.

Wir sind wieder in schönem, mildem Klima, was eine große Annehmlichkeit darstellt, da wir noch keinen ganzen Tag Sonne hatten.

Soeben sind wir aus Mâcon zurückgekommen, wo wir eine Rundwanderung unternahmen, um den Ort anzuschauen, doch in Wahrheit konnten wir gar nicht viel sehen, da es schon fast dunkel war, als wir ankamen. Nur schwer konnten wir unseren Rückweg hierher finden, da es erneut dichten Nebel gibt, und ich hoffe, es klart morgen früh auf, da wir frühzeitig los und noch auf dem Postbüro vorbeischauen wollen.

18. November

Es war ein insgesamt ziemlich enttäuschender Tag heute; nachts hat es heftig geregnet, und wir brauchten mehr als eine halbe Stunde, um von dem aufgeweichten Platz herunterzukommen – wir schafften es schließlich, indem wir Ketten an die Hinterräder montierten. Als wir dann zum Postbüro kamen, fanden wir immer noch keinen Brief von

Dir vor; wir konnten nicht verstehen, wie er denn fehlgeleitet sein sollte, da wir dachten, alles so klar arrangiert zu haben – doch hoffe ich jetzt, ihn in Avignon vorzufinden. Gerade als wir das Postbüro verließen, musste Daddy an einer Kreuzung so hart in die Bremsen steigen, um einem Auto auszuweichen, dass etwas an ihnen kaputtging und er gut eine Stunde auf dem Rücken unter dem Caravan zubringen musste, um sie zu richten. Als wir dann aber Mâcon verließen, verlief alles friedlich – es war ein träger, modriger Tag – vom Wetter her gesehen – und es ist viel wärmer, wo wir jetzt sind – außerhalb des Dorfes St. Rambert St. Albon im Rhônetal. Wir fuhren durch Villefranche, Lyon und Vienne heute. Etwa 20 Meilen hinter uns sahen wir die Alpen schneebedeckt zu unserer Linken; Daddy meint, es seien die Savoyer Alpen, aber ich weiß nicht, ob er da Recht hat. Unser Lager heute Nacht ist inmitten einer Pfirsichplantage, doch unglücklicherweise ist es die falsche Jahreszeit – keine Pfirsiche!

Jeden Tag fahren wir an aberhunderten Elstern vorbei – es scheint, dass es hier mehr Elstern als Krähen gibt, und wir haben es schon aufgegeben zu sagen „Eine fürs Leid – zwei für die Freud'!"[6] Auch haben wir heute Scharen bunter Soldaten in höchst pittoresken blauen und roten Uniformen gesehen; ich vermute, es sind die Nordafrikatruppen.

19. November

Wir sind so früh heute Morgen aufgestanden, um 5.30, in der Meinung, wirklich früh auf der Strecke sein zu können, doch unseligerweise begann eine Viertelstunde bevor wir startklar waren der heftigste tropische Regen und in wenigen Minuten war der Obstgarten nur noch Matsch und Wasser; wir warteten zwar noch einige Zeit, dass es aufhöre, entschieden uns dann aber, aufzubrechen. Wir schafften es ohne Ketten hinaus, doch mit einem ziemlichen Gerutsche, und es schüttete, wirklich heftig, und hörte erst gegen Mittag auf. Wir sind wohl an einigen netten Gegenden vorbeigefahren, doch leider war es durch den heftigen Regen meistenteils ohnehin dunkel; gelegentlich erhaschten wir einen Blick auf die Berge um uns herum. Wir folgten der Straße des Rhônetals durch

Valence-Montelimar (die Stadt ist berühmt wegen ihres Nougats und jedes Gebäude sieht aus wie ein Geschäft mit Fenstern voller Nougatkisten), Orange (hier aßen wir in einem Restaurant zu Mittag und ein sehr netter, älterer, englischer Herr, der in unserer Nähe saß, gab uns, als er ging, die „Times" von gestern) und hinein nach Avignon, wo wir geradewegs zum Postbüro gingen, doch wieder gab es zu unserer Enttäuschung keinen Brief von Dir. Avignon ist ein ganz hinreißender Ort; die ganze Stadt ist umgeben von Festungsanlagen und im Mittelalter war es der Wohnsitz der Päpste. Vielleicht kann Dir Miss Lidgate mehr darüber erzählen. Ich kaufte einige Postkarten und werde sie Dir morgen schicken – ich wünschte, Du wärest bei uns und könntest dies alles sehen.

Heute Nacht sind wir auf einem Platz etwa fünf Meilen außerhalb von Avignon, und ich denke, wir werden hier ein oder zwei Tage bleiben, wenn das Wetter annehmbar bleibt. Das Barometer ist sehr in die Höhe gegangen, so dass wir glauben, dass es morgen ein schöner Tag wird.

20. November

Die Sonne hat auf wunderbarste Weise geschienen heute; es ist angenehm warm, so warm, dass ich die Gelegenheit nutzte, meine Haare heute Morgen zu waschen und in der Sonne trocknen zu lassen. Heute war ein Tag, wie die warmen Tage, die wir in Südafrika hatten – es ist ein anderes Gefühl als die Hitze in England und wir haben es beide gründlich genossen. Als ich meine Haare trocknete, kam eine Eidechse hervor und setzte sich in meiner Nähe in die Sonne. Zweimal waren wir heute in Avignon, um nachzusehen, ob Post da wäre, in der Hoffnung, Deine würde auftauchen, aber es gab nichts, so dass wir nunmehr glauben, dass sie nie ankommt, und hoffen, Dein nächster Brief hat mehr Glück und erreicht uns.

Wir besichtigten einige Sehenswürdigkeiten heute Abend; ansonsten war es ein sehr friedlicher Tag.

21. November

Fuhren unsere letzte Strecke in Frankreich, außer den etwa 10 Meilen von hier zu den Docks in Marseille, was wir in etwa einer Woche hinter uns bringen werden. Wir haben einen ganz hervorragenden Platz auf einem Bauernhof etwa acht Meilen außerhalb von Marseille gefunden und kamen hier kurz nach Mittag an.

Nach dem Tee gingen wir in eine Épicerie[7] in der Nähe und kauften etwas ein – wie Du Dich vielleicht erinnerst, haben einige Geschäfte in Frankreich sonntags offen und montags geschlossen. Wir nahmen die Päckchen mit zurück, drapierten sie auf dem Tisch außerhalb des Caravans und brachen erneut zum Einkaufen auf – diesmal wegen Brot. Wir waren etwa eine Stunde weg und entdeckten bei unserer Rückkehr, dass ein Hund da gewesen war und sich selbst an all den essbaren Dingen in den Päckchen bedient hatte. Er hatte ein halbes Pfund Wurst, ein viertel Pfund Schinken, ein Pfund Kekse und ein Dutzend Eier gefressen, so dass ich erwarte, er werde diese Nacht ein wenig Schmerzen haben. Er brach jedes Ei auf, leckte das Innere heraus und beendete seine Mahlzeit mit einem halben Liter Milch.

Camping außerhalb von Marseille

22. November

Den Vormittag verbrachten wir heute hier; Daddy tat seine normale Arbeit an Auto und Caravan und ich kochte uns ein gutes Mittagessen. Am Nachmittag gingen wir nach

Marseille und besuchten das R.A.C.-Büro, und sehr zu unserer Überraschung wartete dort Dein Brief vom 14. auf uns. Niemals hätten wir gedacht, dass er dahin adressiert sein könnte, aber ich glaube, Du hast unsere Adressliste gänzlich missverstanden, doch die Hauptsache ist, dass er schließlich aufgetaucht ist.

Ich halte nicht viel von Marseille; es scheint ein ziemlich schmutziger, lauter Ort zu sein, doch war es schon ziemlich dunkel, als wir ankamen, und so bessert sich vielleicht die Bekanntschaft bei Tageslicht.

23. November

Wir sind soeben zurückgekommen von einem Dreimeilenspaziergang zum Postbüro und wieder zurück, um Briefe aufzugeben; es war nicht sehr spannend, da wir die Hauptstraße entlanggelaufen sind und es dort nichts außer Autos und Lastern gab, die an uns in langen Reihen vorbeifuhren und gewaltigen Lärm verursachten; ansonsten haben wir nicht sehr viel getan; hatte eine neuerliche Putzaktion heute Morgen. Noch ist's ganz angenehm, nichts Besonderes tun zu müssen, da die Sonne scheint und das Klima angenehm ist; der einzige Haken ist, dass es Millionen von Fliegen hier gibt, doch indem wir die Fliegengitter an den Scheiben hochziehen und die Drahttür schließen, halten wir sie sehr erfolgreich aus dem Caravan heraus. Ich bekam eine ganze Menge Stopf- und Flickarbeit heute erledigt, was mich mit dem angenehmen Gefühl, etwas getan zu haben, erfüllte.

24. November

Marseille ist doch nicht so eine schlechte Stadt – wir verbrachten fast den ganzen Tag dort – die Außenbezirke sind nur furchtbar, doch die großen Hauptgeschäftsstraßen und die Uferpromenade sind wirklich attraktiv. Wir aßen zu Mittag in einem Restaurant am Wasser, saßen an einem Tisch auf einer verglasten Veranda und konnten alles sehen, was geschah: der „Alte Hafen" war direkt vor uns, voller kleiner Mittelmeerküstenboote, und wir sahen Leute jeder Hautfarbe. Der „Alte Hafen" ist der antike Hafen von Marseille, den schon die Phönizier vor hunderten von Jahren nutzten.[8] Weiter westwärts von der Stadt liegt der Neue Hafen, wo die großen Schiffe liegen und wo wir an Bord unseres Schiffes nach Algier gehen werden; Daddy hat Tickets für die „Ville d'Oran", die nächsten Dienstagmittag segeln wird. Nach dem Mittagessen holten wir unsere Post, und ich war erfreut, Deinen Brief vom Sonntag zu bekommen. Wir waren erfreut zu hören, dass Du die Rolle der „Maria" in eurem Krippenspiel übernimmst, nur wünschten wir, wir könnten Dich dort sehen.

Wir kauften eine Menge ein heute Nachmittag und fanden die Preise für die meisten Sachen fast so hoch wie in England, wenn auch manches etwas mehr kostet, doch nicht so hoch wie sie waren, als wir letztes Jahr in Frankreich waren. Heute bekommen wir 146 Francs für das Pfund, letztes Jahr bloß 75.

Es regnete zwar die meiste Zeit, doch glücklicherweise waren wir meist unter Dach, wenn die wirklich heftigen Regenfälle kamen.

Nächsten Montag müssen wir im Hotel schlafen, da sowohl das Auto wie der Caravan schon Montagnachmittag, den 29., an Bord sein müssen.

25. November

Daddy ist schon die Straße hinuntergegangen, um nach einem Schmied zu schauen, zu dem er heute Morgen vor dem Frühstück die „Utility"[9] brachte, da es ihm besser schien, wenn die Kupplungsbefestigung am Fahrzeug einige Zoll höher läge. Er hatte zwar die rechte Höhe beim Anzug des Caravans, da aber immer hohe Gewichte zu ziehen sind, waren dann die Federn etwas zu flach. Das verhält sich so zwar richtig, doch vergaßen wir das mit ins Kalkül zu ziehen, als wir den originalen Kupplungshaken montieren ließen – doch ich glaube, das zu korrigieren ist recht einfach, und er glaubt auch daran, das Auto gleich wieder mitbringen zu können.

Weiter gibt es Dir nichts zu berichten, da wir nicht viel erlebt haben; es hat heute einen schrecklichen Sturm und ist nicht sehr gemütlich draußen; jetzt scheint es wieder zu regnen und ansonsten herrscht Totenstille nach all dem quälenden Lärm der letzten Tage. Ich hoffe, wir haben Dienstag keinen solchen Wind!

26. November

Nach dem Mittagessen gingen wir nach Marseille und kauften abermals ein – es war ein wundervoller Tag, warm und sonnig, und ich hoffe auf solch einen Tag am Dienstag.

Wir haben für Montagnacht ein Zimmer im Hotel Continental gebucht, gleich gegenüber dem Büro des R.A.C. – ansonsten nichts Neues.

27. November

Nichts Neues für Dich heut Abend – wir waren heute Nachmittag spazieren und fuhren nach dem Tee für die letzten Einkäufe nach Marseille – ich habe mir einen Helm gekauft und schaue scheußlich darin aus! Vor dem Nachhauseweg waren wir in einer „Brasserie" und bestellten beide einen seltsamen Drink – langsam werden wir schon wie die Franzosen und verbringen eine Menge Zeit, indem wir auf Bürgersteigen sitzen und an Drinks nippen!

Dann sind wir zu einem Feinkostladen gegangen, um etwas Käse zu kaufen, und dort gab es den größten Käse, den ich je gesehen habe – er hatte fast einen Meter Durchmesser und war etwa 30 Zentimeter dick und brauchte einen Tisch für sich allein.

28. November

Auch heute war wieder ein schöner Tag; nach dem Mittagessen haben wir einen langen Spaziergang gemacht – auf einen lang gestreckten, kiefernbedeckten Hügel. Die Landschaft ringsum ist sehr ansprechend. Alle Hügel sind überzogen mit Tannen und in den Tälern liegen Weingärten und hinter den Hügeln die Berge – doch können sie wohl nur schwerlich „Berge" genannt werden, da sie in Wirklichkeit nicht hoch genug dafür sind. Ich glaube, man könnte sie kleine Berge nennen, doch schauen sie ziemlich zerklüftet aus und geben der Landschaft etwas Besonderes. Die meisten Tannen weisen in der Rinde eingekratzte Streifen auf und kleine Töpfe sind auf dem Boden festgemacht, um das herausrinnende Gummi aufzufangen – ich glaube, es ist Gummi arabicum, der Grundstoff der meisten Klebstoffe.[10]

Sonntag scheint in Frankreich der Haupttag der Woche für die Männer fürs Schießen zu sein – hunderte von ihnen scheinen auszuschwärmen und auf irgendwas zu knallen. Wir haben zwar keine wirklichen Wildvögel gesehen, doch ich vermute, sie schießen auf Lerchen, Buchfinken und andere kleine Vögel, und für gewöhnlich haben sie einen Hund dabei, der mit einem Glöckchen am Nacken durch Büsche und übers Feld jagt.

Ich schicke diesen Brief morgen ab, da wir den Caravan schon kurz nach zwei hinunter zum Schiff bringen müssen – wir fahren am Dienstag gegen Mittag ab und sollten Algier etwa am Mittwoch gegen Mittag erreichen.

29. & 30. November

Tut mir leid, dass ich letzte Nacht nicht geschrieben habe, da wir erst nach Mitternacht heimgekommen sind und wir heute Morgen so früh aufgestanden sind, dass dafür keine Zeit war.

Wir haben den Caravan gestern Nachmittag um eins nach Marseille gebracht, und während Daddy mit ihm am Schiff war, wanderte ich um die Läden herum und überhaupt durch den Ort. Ich traf Daddy um fünf wieder und wir kauften einiges ein, gingen in ein Restaurant zum Abendessen und dann ins Kino; ich verstand zwar nicht viel von dem, was gesagt wurde, doch dem Hauptstrang der Erzählung war ich mehr oder weniger in der Lage zu folgen.

Heute Morgen sind wir um kurz nach neun beim Schiff gewesen, da sie gestern den ganzen Tag über den Caravan nicht an Bord brachten und Daddy entschlossen war, dabei zu sein, wenn er denn gehievt würde. Unglücklicherweise hatten sie keine Plattform, um den Caravan draufzustellen, wie sie sie in Dover und Boulogne hatten, und schienen auch sonst keine Ahnung zu haben, wie man damit umgeht – vielleicht würde er noch, sehr zu Daddys Entsetzen, in einem riesigen Kartoffelsack an Bord geschwungen. Ein solcher Kartoffelsack ist ein großes Netz, und dennoch, obschon er sechsmal höher als in Dover und Boulogne gehievt wurde, kam er sicher an Bord und ist jetzt in einer Halterung sicher verankert; Daddy ist sehr beunruhigt, wie sie ihn denn in Algier wieder ausladen werden, ich jedoch glaube, dass es gut geht; ein Engländer an Bord, der in Algier lebt, meint, dass dies das erste Mal sei, dass ein Caravan übergesetzt werde. Er und seine Frau – sie heißen Turner – sitzen mit uns am gleichen Tisch und scheinen nette Leute zu sein; anscheinend leben sie etwas außerhalb des Zentrums von Algier und haben uns für Freitagabend zum Abendessen und zu einer Partie Bridge eingeladen; sie haben eine zwanzigjährige Tochter und einen Sohn in der Schule in England, die sie gerade besucht haben.

Ich hätte niemals gedacht, dass ich einmal auf See nächtens sitzen würde und mein Tagebuch schreibe; ich hatte mich so sehr vor der Fahrt über das Mittelmeer gefürchtet, denn so wie ich den Golf der Löwen[11] kannte, ist er in der Regel scheußlich, doch in dieser Nacht verhält er sich wie der Golf der Lämmer. Wir haben eine sehr komfortable Vierbettaußenkabine für uns allein und das Schiff ist wirklich sehr geräumig – 7.000 Tonnen glaub' ich. Ich werde Dir morgen eine Bildpostkarte davon senden. Es ist wunderbar sauber und das Essen ist sehr gut. Wir werden von einem französischen Zerstörer bis zu den Balearen eskortiert – und ich wünschte, ich hätte heute Morgen die Kamera, um Dir ein Foto vom Caravan im Kartoffelnetz zu schicken. Also: ein Zerstörer folgt uns, doch leider ist die Kamera im Caravan. Ein Zerstörer begleitet nunmehr angesichts des Krieges in Spanien und möglicher Zwischenfälle alle Schiffe.

Es gibt auch eine Menge Pferde an Bord: ich sah sie

einige sehr nach Rennpferden ausschauende verladen und ebenso einige, die nach Kutschpferden aussahen. Auch gibt es einen kleinen französischen Pudel in der Kabine uns gegenüber, der immer vor der Tür sitzt und jedes Mal, wenn ich vorbeigehe, sehr scharf schaut.

Als wir zu den Balearen kamen, übernahm uns, wie schon gesagt, ein anderer Zerstörer.

Dezember

1. Dezember

Nun sind wir in Algier und haben uns etwa 10 Meilen außerhalb der Stadt auf dem Gelände eines alten Trappistenklosters[12] sehr komfortabel niedergelassen – ich weiß weder wann noch weshalb es aufhörte, ein Kloster zu sein, da mein Französisch so schlecht ist und ich keine Unterhaltung gut genug aufrechterhalten könnte, um so etwas herauszufinden, doch ich werde versuchen, es morgen zu ergründen. Ich glaube, es gehört jetzt einem reichen Franzosen, der die Güter mit Verwaltern führt – der von hier stammende Wein ist weltbekannt und heißt „Vin de la Trappe". Als ich im Auto auf der Straße wartete – Daddy war derweil hier drinnen, um zu fragen, ob wir hier campen dürften –, stürzte ein arabischer Junge sehr aufgeregt auf mich zu und fragte, ob wir ein Zirkus oder ein Kino wären.

Das Schiff kam viel früher als wir erwartet hatten in Algier an, doch mussten wir recht lange warten, bis der Caravan herausgehievt wurde, und sie taten dies sehr erfolgreich, legten zwei Lastnetze diesmal unter ihn und einen Spreizer über ihn, und so stand er sehr ruhig; wir hielten in der Stadt auf dem Weg hinaus und kauften einiges ein – es ist ein sehr schöner Ort mit sehr interessanten Geschäften, doch alles schien sehr teuer – wir erwarteten hier Datteln für so ziemlich nichts zu bekommen, doch zu unserer Überraschung fanden wir sie viel teurer als in England.

Unsere armen alten Waffen und die Munition sind wieder einmal beschlagnahmt worden! Wir müssen auf eine Genehmigung von der Präfektur (Polizei) warten, bevor wir sie bekommen – Daddy wünschte schon, er hätte sie niemals mitgenommen.

Einige Leute namens de Malglaive aßen zu Mittag mit uns im Caravan. Er hatte etwas mit dem R.A.C. zu tun und beide, er sowie seine Frau, waren sehr bemüht, uns dabei zu helfen, hier Campingplätze zu finden. Nach dem Abendessen gingen wir dann zum Kaffee zu ihnen nach Hause; es liegt an einer schönen Stelle und ist ein sehr schönes Haus. Sie sagte, es wäre ein Nachbau eines alten Baskenhauses (also eine Kopie im Stil der Häuser in Südfrankreich, in den Pyrenäen), und sie hatten massenhaft Orangenbäume und Mandarinenbäume – voller Früchte –, die überall im Tal nahe beim Haus wuchsen.

Es ist sehr angenehm und warm hier – wie ein Sommer in England –, doch scheinen es die Leute hier für kalt zu halten!

Das Schiff, das uns von Marseille nach Algier brachte

2. Dezember

Heute Morgen führte uns ein Mann über den Landsitz – oder Domäne, wie sie es nennen – und erzählte uns auch vom Kloster. Es wurde 1843 zum Kloster und blieb es bis 1905, als die französische Regierung mit der Beschlagnahme allen Kirchenlands begann – die Mönche aber schafften es, diesen Grundbesitz zu verkaufen, bevor die Regierung ihn beschlagnahmen konnte. Sie waren es auch, die ursprünglich hier mit dem Weinbau begannen. Wir kosteten beide einige Weine und kauften einige Flaschen, und wenn wir noch Platz im Caravan finden, wollen wir einige mit uns nehmen, da es sehr guter Wein ist und er, da wir ihn hier an Ort und Stelle kauften, viel billiger ist.

Algier

Nach dem Mittagessen fuhren wir hinunter ans Meer und gingen nach Algier. Irgendwie verirrten wir uns und gelangten ans falsche Ende der Stadt und mussten geradewegs durch das Eingeborenenviertel, bevor wir in den richtigen Teil kamen. Es war hochinteressant, doch auch ziemlich angsteinflößend, da die Straßen schlichtweg vor Hunderten allseits rufender, redender und einander anbrüllender Araber nur so wimmelten; doch das heißt alles nichts, da sie stets einen derartigen Lärm machen, und wenn man meint, sie hätten fürchterlichen Streit miteinander, so haben sie wahrscheinlich gerade einen Witz gerissen. Die Straßen waren derart voll, dass Daddy das Auto kaum hindurchzubewegen wusste, und das ging so ein bis zwei Meilen – ein wahrer Albtraum! Ich war so besorgt, dass wir jemanden umfahren könnten, dass ich gar nicht viel Notiz von den Dingen nahm, doch sah ich Leute kauernd auf den Bürgersteigen sitzen und unter all dieser Menge seltsam aussehende Speisen verkaufen und Kleider aus leuchtend gefärbter Baumwolle weben. Die meisten Frauen sind verschleiert, doch gibt es auch einige unverschleierte – sie alle schienen weiße Schleier und

Yashmaks zu tragen (Yashmak ist der Gesichtsschleier, der bis unter die Augen reicht).

Keine sehr gute Beschreibung! Es begann zu regnen, bevor wir zurück waren, was jedem, außer uns, zu gefallen schien – ein Mann berichtete uns, dass es keinen wirklichen Regen mehr gegeben habe seit Oktober letzten Jahres und dass es seit zwei Monaten keinen einzigen Tropfen mehr gab und man es dringend bräuchte.

3. Dezember

Armer Daddy, er hat heute den Tag im Bett verbracht – er dachte, er bekäme eine Erkältung letzte Nacht und wachte heute Morgen auf mit einer Temperatur von 100° F.[13] Doch ist sie Gott sei Dank wieder runter – er hat 98,7 und sagt, er fühle sich schon viel besser, und so hoffe ich, er wird bald wieder auf den Beinen sein. Ich denke, er hatte wohl einen Grippeanfall oder eine Erkältung. Wir mussten das Abendessen bei den Turners absagen, was uns sehr leid tut, da wir uns darauf gefreut hatten. Es regnete immer mal wieder heute, und so denke ich, werden die Algerier es zufrieden sein. Ich war lange spazieren heute Nachmittag, während Daddy schlief.

4. Dezember

Daddy geht's heute viel besser – seine Temperatur war den ganzen Tag normal, doch blieb er im Bett, da es draußen auch nicht sehr schön war: sehr windig und die meiste Zeit regnerisch. Es ist dennoch ziemlich warm, und ich habe seit unserer Ankunft ein dünnes Jerseykleid getragen. Ich habe den größten Teil des Tages damit verbracht, Gelegenheitsarbeiten am Caravan zu machen. Zum Glück gibt es einen kleinen Laden gleich hier in der Nähe, wo man die meisten Einkäufe erledigen kann – Daddy muss immer eine Liste der Dinge, die wir wollen, schreiben, da leider niemand meine französische Aussprache zu verstehen scheint.

5. & 6. Dezember

Es gab nichts mehr zu berichten seit letzter Nacht. Wir verbrachten einen ruhigen Tag hier, so dass Daddy sich erholen konnte. Am Nachmittag machten wir einen kleinen Spaziergang.

Heute fühlt er sich wieder ganz fit, und so gingen wir am Morgen nach Algier und aßen im Hotel Aletti, dem größten Hotel von Algier, zu Mittag; es hat ein großes Casino, in dem man Roulette spielen kann, aber wir machten das nicht, doch Daddy sprach davon hinzugehen, einige Tage vor unserer Abfahrt. Ich erhielt heute Deinen Brief vom 28. – beunruhige Dich nicht darüber, wir könnten in einem Scirocco[14] gefangen sein, denn dies ist dafür nicht die Jahreszeit, und wir werden wohl aus Nordafrika fortsein, wenn er kommt.

Ich freue mich, dass Du wieder reitest und es Dich freut.

Der Regen hat hier aufgehört, und alles sieht nett aus in herrlichstem Sonnenschein – der ganze Landstrich scheint in einen einzigen Weingarten überzugehen; es gibt eine Menge Orangen- und Mandarinenbäume, und es erinnert sehr ans Kap.[15] Das Atlasgebirge in einiger Entfernung ist jetzt schneebedeckt wie der Hottentot Holland Range[16] im Winter in Südafrika schneebedeckt war. Mittags hatten wir heute einen Tisch an einem großen Fenster und konnten über das Meer schauen, und der Blick hätte genauso gut von Kapstadt hinüber nach Milnerton sein können.[17]

Wir finden, dass alles hier sehr teuer ist und wünschten, wir hätten alles, was wir brauchen, in England gekauft – das Einzige, was wir überhaupt billig fanden, sind Orangen: ich bekam 15 schöne für etwa 2 1/2.

7. Dezember

Wir aßen recht früh zu Mittag heute und gingen nach Algier, wo Daddy einen Termin mit den Leuten von Shell hatte, um unsere Benzinversorgung durch die Sahara zu organisieren. Wir haben nun beschlossen, dass es nicht nötig ist, die ursprünglich geplante Route (Reggane – Bidon 5 und Gao[18]) zu nehmen, da hier jedermann meint, es sei viel besser, mit dem Caravan im Schlepp und da wir nur zu zweit wären, mit der Hoggar-Route einen anderen Weg durch die Sahara zu nehmen (In Salah – Tamanrasset – In-Guezzam – Agadez – Zinder nach Kano).[19] Wir meinen, dass das eine leichtere Strecke und die Straße nicht so sandig ist, und zudem mehr befahren als die andere Route. Wir wollten die Bidon 5-Route nicht aufgeben, doch die übereinstimmende Meinung hier ist, dass die Hoggar-Route besser für uns wäre, so dass wir glaubten, nicht gegen den Rat der Leute, die sich wirklich auskennen, handeln zu können – darüber hinaus sparen wir noch 250 Meilen und etwa 20 Pfund, was allerdings eine Überlegung wert ist.

Nachdem wir all unsere Geschäfte erledigt hatten, fuhren wir zu einem Platz namens „El Biar", wo die Turners wohnen, besuchten sie und aßen mit ihnen am Donnerstagabend; Mrs. Turner erzählte, dass das alte Kloster, bei dem wir standen (La Trappe) der Ort sei, von welchem Robert Hichens Buch „Der Garten Allahs" handelt[20] – doch glaube ich, Du bist ein bisschen zu jung, um davon gehört zu haben –, und dass er hier war, als er es schrieb. Die Turners wohnen in einem sehr ansprechenden, alten, maurischen Haus namens „Dar El Amame", was aus dem Arabischen übersetzt so viel heißt wie „Haus der Liebe, des Friedens, des Glücks".

8. Dezember

Morgen schicke ich Dir einige Postkarten von Algier und ein oder zwei vom Kloster (oder besser vom ehemaligen Kloster).

Wir verbrachten den Tag hier und machten einige Kleinigkeiten, da wir morgen früh um halb neun nach Algier gehen wollen, um die „Utility" in einer Fordwerkstatt vollkommen durchsehen zu lassen – es ist zwar nichts an ihr kaputt, doch wir wollen sie kontrollieren lassen, bevor wir uns auf den anstrengendsten Teil der Reise machen.

Der Wildhüter oder „Gardien de Chasse" – wie man ihn hier nennt –, brachte uns heute Morgen ein kleines Kaninchen als Geschenk – all die Leute ringsum sind so nett zu uns.

9. & 10. Dezember

Da wir letzte Nacht sehr spät zurückkamen, schrieb ich nicht. Wir verbrachten den ganzen Tag in Algier und erledigten eine gewaltige Menge an Einkäufen und konnten eine Menge Dinge erledigen: Daddy zahlte 2.000 Francs (etwa 14 Pfund) an die Shell Petrol Co. hier am Ort und bekam ein Couponbuch, mit dem er Benzin aus deren Pumpstationen in der Sahara bekommen soll. Sie zogen eine derartige Bezahlung vor, da die Pumpen sehr oft von Arabern betrieben werden und ich vermute, dass sie ihnen beim Geld nicht über den Weg trauen.

Dann gingen wir los, um Waffen und Munition, von denen wir meinten, dass alles geklärt und bereit für uns sei, entgegenzunehmen, aber es hatte sich nichts getan, als wir dort ankamen und wir mussten wieder ohne sie weggehen – doch erreichten wir, sie heute Abend zu bekommen, und hatten dafür 15 Shilling zu zahlen – in Boulogne hatten wir 8 gezahlt!

Vergangenen Abend aßen wir bei den Turners und spielten hinterher Bridge; wir hatten sehr gute Karten und kamen um 2 Shilling reicher nach Hause und hatten alle zusammen einen frohen Abend verlebt.

Heute sind wir wieder in Algier gewesen; es scheint immer noch so viele Dinge zu erledigen zu geben. Diesmal hetzten wir umher auf der Suche nach der Wäsche, die wir in Marseille in Auftrag gegeben hatten; sie versprachen zwar, dass wir sie noch vor der Abreise bekämen, doch nutzlos zu sagen, dass sie nicht fertig war, und sie sagten, sie würden sie mit dem nächsten Schiff hierher nachsenden. Wir hatten einen Brief, aus dem hervorging, dass sie am 2. abgesandt wurde, doch scheint sie hier bis jetzt nicht angekommen zu sein, und wir haben schon Telegramme etc. gesandt , aber sie dennoch nicht aufgefunden (ärgerlich ist, dass es sich um eine große Menge

Wäsche dreht, deren Verlust wir uns nicht leisten können): die meisten unserer Laken, Kissenbezüge, Handtücher, Schlafanzüge etc.

Um sechs heute Abend haben wir einige Franzosen namens Planess besucht; es sind Freunde von den Lewes und scheinen in der Tat sehr nett zu sein; sie besitzen ein riesiges Haus im arabischen Stil – wie ein arabischer Palast mit einem wunderschönen Garten –, auf der Spitze eines Hügels erbaut mit einem wunderbaren Blick auf Algier, und der Garten ist in Terrassen angelegt und verläuft hügelabwärts bis zur Straße. Sie haben einen elfjährigen Sohn, den wir aber nicht gesehen haben, da er mit Scharlachfieber im Bett lag. Und sie sind fast wie in Quarantäne, gehen nicht aus oder tun viel, so dass ich mutmaße, sie nicht wieder zu sehen.

11. & 12. Dezember

Gestern Nachmittag tranken wir Tee mit den de Malglaives und blieben auch zum Abendessen, so dass ich, da es ziemlich spät war, Dir nicht mehr schrieb, als wir nach Hause kamen. Die Turners waren auch da sowie der englische Generalkonsul mit seiner Frau. Es ist eine große Freude, die Leute hier zu treffen, und wir haben sehr viel Spaß daran.

Heute sind wir hier geblieben und machten einen unserer üblichen Caravankehraus. Ich ging all meine Kleidung durch und ordnete sie, ebenso Daddy, und so glauben wir – im Moment – zu wissen, wo alles ist.

Wir hatten geplant, den Caravan dieses Wochenende an einen Ort namens Blida[21] etwa 30 Meilen von hier zu bringen und auf einem Platz zu campen, der Captain Cherry, einem ehemaligen Marinekapitän, gehört, der sich hier niedergelassen hat. Da aber unsere verflixte Wäsche immer noch nicht aufgetaucht war, hielten wir es für besser, hier an Ort und Stelle auf sie zu warten – ich frage mich, ob Captain Cherry in irgendeiner Beziehung zu Onkel Ben steht. Wir haben ihn bis jetzt noch nicht getroffen, doch hat er geschrieben, dass er erfreut sei, uns bei sich zu wissen.

13. Dezember

Es hat den ganzen Tag nur so geschüttet, und während eines besonders heftigen Platzregens hatten wir zwei Besucher bei uns: einen General und Mrs. Bond. Er ist in Chatham stationiert und ist auf Monatsurlaub, und so kamen sie her, um etwas Sonne vorzufinden – sie besichtigten die Sehenswürdigkeiten von Algier und kamen heraus, um La Trappe anzusehen, und wir sind offenbar eine der Attraktionen von La Trappe geworden! Der Führer hat ihnen von uns erzählt, und sie sagten, sie würden uns gern treffen.

Wir gingen nach Algier zum Mittagessen, auch um zu sehen, ob die Wäsche angekommen war, hatten aber kein Glück; wir kauften also einen Lotterieschein und hoffen drei Millionen Francs am Samstag zu gewinnen, doch waren wir nicht einmal in der Nähe der Gewinnzahlen. Wir kauften alle notwendigen Medikamente für unterwegs und waren nunmehr bereit für alles – ja, wenn denn die Wäsche nur käme.

14. & 15. Dezember

Nicht sehr viel zu berichten von diesen letzten beiden Tagen – Mrs. De Malglaive und Mrs. Turner besuchten uns, oder besser den Caravan, gestern Morgen, und nach dem Mittagessen zog ich mich mit etwas erhöhter Temperatur und Schüttelfrost ins Bett zurück. Davon ist nichts mehr übrig und ich fühle mich gut heute, doch da meine Temperatur noch nicht wieder normal ist, aber nur 99° F.,[22] bin ich weiterhin im Bett, um es durchzustehen und möglichst schnell abzuschütteln; ich meine, die meisten Leute bekommen diese Art Fieber, wenn sie zum ersten Mal herkommen, und genauso muss es auch bei Daddy gewesen sein.

Zum Glück ist endlich unsere Wäsche aufgetaucht, wofür wir sehr dankbar sind, da wir beide schon die Hoffnung, sie je wieder zu sehen, hatten fahren lassen, und wir schon ärgerlich darüber waren, hier neue Wäsche einkaufen zu müssen, die zudem noch viel teurer gewesen wäre.

16. Dezember

Ich bedauere, dass es Dir wirklich gar nichts heute Abend zu erzählen gibt, da ich nicht viel unterwegs war; ich bin zwar wieder auf, doch bleibe ich meist drinnen, da das Wetter nicht allzu schön ist: es regnet, donnert und blitzt viel, was insgesamt nicht sehr angenehm ist. Daddy ist am Nachmittag rasch nach Algier gefahren, um einige notwendige Einkäufe zu erledigen und brachte Dutzende von Postkarten mit, die wir wohl als Weihnachtskarten verschicken werden.

17. Dezember

Wir sind gerade zurück von den de Malglaives, wo wir zu Mittag waren – es gab ein wunderbares arabisches Gericht namens „Bakukos".[23]

Es regnet, stürmt, donnert, blitzt, hagelt und schneit zugleich und macht insgesamt einen Höllenlärm. Entlang der Straßen und der Umgebung fanden wir alles weiß durch eine Mischung aus Hagel und Schnee. Es war ein fürchterlicher Tag – Blitz und Donner begannen letzte Nacht und haben, mit Ausnahme kurzer trockener Unterbrechungen, angedauert.

Wir sind gegen 12 Uhr früh nach Algier gegangen, vorbei an Gruppen von Arabern, die am Straßenrand um Feuerstellen kauerten, die sie wohl nahezu überall machen, um etwas Wärme zu bekommen, und ich glaube, ihnen war höllisch kalt, wohingegen es für uns bloß einigermaßen kühl, aber unangenehm war.

Wir aßen zu Mittag in Algier, und überall, wo wir hinkamen, hörten wir, dass die Straße, die wir Richtung Süden nehmen wollten, wahrscheinlich durch den Schnee in den Bergen blockiert sein wird, was ziemlich ärgerlich war, da wir sobald als möglich aufbrechen wollten. Die Regenmenge der letzten Tage ist wahrlich Schrecken erregend, doch die de Malglaives berichteten uns, dass Statistiken zeigen, dass die Niederschlagsmenge in Algier doppelt so hoch ist wie in England, nur dass es neun Monate im Jahr überhaupt nicht regnet und so alles in nur zwei oder drei Monaten herunterkommt.

18. Dezember

Heute ist Daddys letzter Tag als Commander in der Marine – morgen wird er Captain der Reserve und seine Bezahlung sinkt entsprechend.

Am Nachmittag fuhren wir nach Blida,[24] um die Cherrys zu besuchen; sie besitzen einen schönen, großen Flecken Erde. Ich denke, es ist in Wahrheit eine Farm, doch glaube ich nicht, dass sie sie selbst bewirtschaften. Das Haus ist ein altes Fort, an das sie angebaut und das sie zu einem sehr ansehnlichen Gebäude gemacht haben. Sie haben zwei erwachsene Töchter und noch eine Elfjährige, die in England zur Schule geht.

Wir hatten gehofft, morgen aufbrechen zu können, doch die Berge sind schneebedeckt und die Pässe momentan gesperrt, so dass wir mit dem Caravan ab morgen auf dem Land der Cherrys campen werden, und wir werden aufbrechen, sobald die Straße frei ist. Sie wohnen gleich am Fuß der Berge, so dass wir von hier direkt weiterkönnen.

Es gibt zwar keinen Schnee hier, da es in der letzten sehr langen Nacht nicht schneite, doch das Atlasgebirge ist noch weiß; auch ist es nicht sehr kalt, was ein Segen ist, und Gott sei Dank haben auch Blitz und Donner aufgehört und heute gab es nicht sehr viel Regen. Wir machten eine nette Ausfahrt heute Nachmittag und, als wir durch einen Ort namens Ouled Fayet kamen, sahen wir ein Storchennest auf der Kirchturmspitze, genau wie in den Märchen Hans Christian Andersens.[25]

Bis jetzt haben wir noch kein einziges Kamel gesehen! Captain Cherry meint, dass Onkel Bens Vater ein Vetter seines Vaters war, weil er zu den irischen Cherrys gehörte, und ich konnte nichts dazu sagen, da ich darüber nichts wusste.

Bei der Abfahrt von La Trappe, Algerien

19. Dezember

Wir verließen La Trappe heute nach dem Mittagessen, hatten eine große Verabschiedung und bekamen eine Flasche Wein vom Führer als Andenken.

Wir haben einen ganz wundervollen Lagerplatz auf der Farm der Cherrys, an den Ufern eines winzig kleinen Baches namens „El Tempha", nach dem die Farm benannt ist. Das Wetter ist einfach herrlich geworden, obschon es nachts ziemlich kalt wird, doch glaube ich, dass man das wohl annehmen darf angesichts der schneebedeckten Berge über uns. Es ist eine angenehme, trockene Kälte und das ganze junge Volk verbringt seine Zeit in den Bergen mit Skifahren und hofft, dass der Schnee nie schmelze. Wir hingegen sind vollkommen anderer Meinung bis er schmilzt – doch die Zeitung meldet heute, dass der Pass immer noch gesperrt ist und niemand hinüberkann, so dass wir wohl hier warten müssen, bis er wieder öffnet; und leider hat Daddy der Bank gesagt, ab dem 14. die Briefe nach Laghouat[26] weiterzusenden, so dass wir auch noch ohne Post sind.

Wir speisten abends mit den Cherrys – sie sind eine herrliche Familie und haben uns angeboten, im Haus zu wohnen, doch wir glauben, besser an dem alten Caravan festzukleben, um ihn so möglichst gut belüftet zu halten.

Bei „El Tempha", Blida

20. Dezember

Immer noch sind wir hier, und leider scheint es keine allzu große Hoffnung für unseren Aufbruch heute oder morgen zu geben, da der Pass immer noch gesperrt ist und Captain Cherry zu Ohren gekommen ist, dass es wohl einen Erdrutsch gegeben hat, so dass ein Stück der Straße wohl zuerst wird repariert werden müssen, bevor wir uns auf den Weg machen können. Es ist äußerst ärgerlich, so dass wir beide schon sehr nervös sind, von hier wegzukommen, wo uns nichts mehr hält – auch da wir keine Post mehr bekommen, außer wir gehen Richtung Süden. Doch, da wir nun schon warten müssen, hätten wir keinen zauberhafteren Platz finden können, und die Cherrys sind so nett zu uns – wir leben, mit Ausnahme von Bett und Frühstück eigentlich in ihrem Haus. Das Wetter ist einfach nur wieder wundervoll.

Ich gab meine Briefe an Dich heute Morgen zur Post und hoffe, sie kommen rechtzeitig zu Weihnachten an.

21. Dezember

Ich denke, dass wir nach alldem morgen wirklich aufbrechen werden – wir sind die Straße vorgefahren bis zu dem Punkt, wo der Erdrutsch war und haben gesehen, dass man die Aufräumarbeiten schon beendet hatte und die Straße wieder geöffnet war, da der Schnee fortgeschmolzen war.

An den Berghängen sahen wir viele spielende Affen und sie sind so zahm, dass sie sogar herunterkommen und von den Leuten in den Autos Futter annehmen – eine Affenmutter mit zwei Babies saß da und schaute den Arbeitern zu, wie sie die Straße reparierten.

Sparhis – ein berühmtes Araberregiment

Eine ganze Reihe französischer Militäroffiziere hat uns heute besucht – sie sind wegen eines Manövers in der Gegend und sehr interessiert am Caravan. Um die Mittagsstunde kamen auch die Soldaten vorbei und statteten uns einen Besuch ab. Hunderte Sparhis zogen vorbei und boten mit ihren roten Umhängen auf ihren weißen Araberpferden einen malerischen Anblick – es ist ein sehr berühmtes arabisches Reiterregiment.

Captain Cherry erzählte, dass er heute Nachmittag dem britischen Konsul begegnet sei und der erzählte, dass etwas in „*The Times*" über uns gestanden hätte; ich würde es ja gerne sehen, doch weiß ich leider das Datum nicht, und auch Captain Cherry erinnerte sich nicht genau, ob es „*The Times*" oder der „*Telegraph*" war.

22. Dezember

Es ist ein bisschen schwierig, Dir all die unterschiedlichen Landschaften zu beschreiben, durch die wir täglich kommen, denn allein heute haben wir 125 Meilen zurückgelegt.

Wir frühstückten mit den Cherrys und brachen um 9 Uhr auf, und gleich hinter Blida fuhren wir in die Chiffa-Schlucht und stiegen Meile um Meile empor. Die Straße ist eine faszinierende Ingenieursleistung, denn obschon es Furcht einflößende Haarnadelkurven gab, war die Straße so geschnitten, dass sie leicht zu nehmen waren; sie ist aus dem Fels geschlagen und zuweilen waren wir so sehr hoch und extrem steil über dem Fluss, dass es nicht immer angenehm war. Schließlich erreichten wir die Schneegrenze und verließen sie nicht vor drei Uhr nachmittags. Auf dem Gipfel des Atlasgebirges hielten wir, um ein Foto zu machen, und fanden am Caravan einen beinahe platten Reifen – die erste Reifenpanne unserer Reise –, und bei näherer Untersuchung fand sich ein großer Nagel in der Reifendecke.

Als Daddy mit der Reparatur fertig war, aßen wir zu Mittag – die Luft war wundervoll und, obschon überall Schnee lag, war es ziemlich warm – kein Lüftchen und herrlichster Sonnenschein. Der Gipfel des Atlas ist 3.900 Fuß hoch. Hiernach fuhren wir eine ganze Zeit lang an den Gipfeln der Berge entlang auf einer sich drehenden und windenden Straße, und alles was wir sehen konnten, waren schneebedeckte Berge rund um uns herum und auch nach Süden zu. Es war außerordentlich wundervoll.

Col de Medea, der Gipfel des Atlas – 3.900 Fuss

Danach begann eine kurvenreiche Abfahrt entlang einer tannenbestandenen Bergseite – die Straße war derart kurvig, dass sie manchmal fast wieder sich selbst berührte. Und plötzlich gab's keinen Schnee mehr und wir langten unten auf einer gewaltigen Ebene an und auf einer schnurgeraden Straße, die sich meilenweit vor uns darbot – das Aussehen und der Charakter des Landes hatte sich vollkommen verändert. Nirgendwo sah man mehr einen Flecken Grün und keine Bäume – alles sah einfarbig, schmutzigbraun aus. Der Grund dafür ist, dass jedes Stück Erde, bei dem es möglich war, umgepflügt worden war und zudem die Hügel wie vulkanischen Ursprungs ausschauten – im Frühling aber glaube ich, dass es eine einzige grüne Fläche sein wird.

Bald sahen wir auch unsere ersten Kamele, und seitdem haben wir hunderte gesehen – sie sind wohl die am lächerlichsten aussehenden Tiere und schreiten ziemlich überheblich einher.

Wir hielten in dem kleinen Dorf Boukhari, tankten und waren binnen fünf Minuten von der gesamten Einwohnerschaft umringt – einige Meilen hinter Boukhari verließen wir die bewirtschaftete Landschaft und kamen in eine trocken anmutende Gegend, übersät von kleinem Buschwerk, in welchem Hunderte Schafe grasen – immer noch dieselbe Ebene, immer noch dieselbe schnurgerade Straße. Überall waren arabische Nomadenlager – diese Leute ziehen ihr Leben lang von Platz zu Platz mit ihren Herden und einige Stämme sind ziemlich wohlhabend – und ich denke, es sind ziemlich nette Leute.

Gegen fünf wurde es dunkel und wir verließen die Straße und fanden ein sehr angenehmes Plätzchen nahe der Bahnlinie. Wir entdeckten, dass es sich bei dem niedrigen Buschwerk um wilden Thymian handelte und die Luft war angefüllt von dessen starkem Duft. Es ist zwar kalt jetzt, aber es ist eine angenehme, trockene Kälte.

Wir fuhren an aberhunderten Arabern vorbei, die auf den allerwinzigsten Eseln ritten – es sah aus wie auf den Bildern im Alten Testament und sie trugen genau dieselbe Kleidung wie schon vor Jahrtausenden. Auch haben wir Männer auf den schönsten Pferden gesehen – Du würdest hingerissen gewesen sein von ihnen. Die arabischen Männer hier sind sehr würdevoll und edel aussehende Männer – die Frauen scheinen nicht verschleiert zu sein, tragen aber gewaltige Turbane.

Die Nomadenlager bestehen in der Regel aus Zelten, die so aussehen, als ob riesig lange Tücher über Stangen gezogen wurden, sehen aber von außen betrachtet sehr ordentlich aus.

Wir sind zur Zeit einige Meilen hinter dem Dorf Aïn Oussera[27] und etwa auf 2.000 Fuß Höhe, und ein Lastkraftwagenfahrer erzählte uns, dass der Anstieg, den wir hinter uns haben, der schlimmste in ganz Algerien sei.

23. Dezember

Heute Abend sind wir nur 111 (in Worten: einhundertelf) Meilen weiter als gestern. Wir hatten zwar gehofft, Laghouat[28] hinter uns lassen zu können, doch unglücklicherweise brach das Bremsseil des Caravans und Daddy brauchte über eine Stunde für die Reparatur, doch es riss einige Meilen später erneut, so dass wir beschlossen, diesseits von Laghouat zu campen, da es schon dämmerte, und morgen recht früh aufzubrechen. Wir werden dort wohl zu Mittag in einem Hotel essen gehen, hoffe ich jedenfalls, und den Caravan in eine Werkstatt bringen, damit die Bremse anständig gemacht wird. Die Straße war heute sehr rau und stellenweise aufgebrochen, denn schwer beladene Lastkraftwagen nutzen diese Straße. An zwei Stellen mussten wir die Hauptstraße verlassen und die Flussbetten oder „Wadis", wie man sie hier nennt, überqueren, da der Regen die Brücken weggespült hat. Wir hatten mit der Durchquerung keine Schwierigkeiten und Wagen wie Caravan gingen federleicht hinüber – ich habe keine Ahnung, wann es diesen Regen gab, denn die Gegend und die Flussbetten schauten knochentrocken aus, als hätten sie seit hundert Jahren keinen Tropfen Wasser mehr gesehen.

Hier die Orte, durch die wir heute kamen: Aïn Oussera, wo gerade ein großer arabischer Markt stattfand, Guolt-es-Stel, Il Boghar-Djelfa, über den Col des Caravanes, der 4.300 Fuß hoch ist, doch war der Anstieg so sanft, dass wir's kaum bemerkten, schließlich Aiu-el-Ibel, Sidi-Meklouf und jetzt sind wir 15 Meilen von Laghouat, einem ziemlich großen Ort, einer Oase, entfernt.

*Laghouat.
Im Hintergrund der Beginn der Saharawüste*

Die Landschaft, durch die wir heute kamen, war meilenweit trockenes Land mit niedrigem Buschwerk und Alfalfagras[29] bewachsen; dieses Gras wird in großem Stil von englischen Firmen aufgekauft und zur Papierherstellung verwendet. Manchmal waren wir von zauberhaften kleinen Hügeln umgeben und manchmal mitten in der weiten Ebene mit blauen Bergen in einiger Entfernung.

Wir brachen heute Morgen im Nebel auf, kamen aber schon bald in die Sonne, die sehr angenehm ist, obschon wir immer noch Winterkleidung tragen und jede Nacht mit einer Wärmflasche schlafen.

Wir sind nun wieder auf etwa 2.460 Fuß herunter, und abermals war die Abfahrt so gemächlich, dass wir es kaum bemerkten.

24. Dezember

Ich habe den Brief an Dich heute Morgen in Laghouat per Luftpost aufgegeben, so dass Du ihn in den nächsten zwei, drei Tagen haben solltest. Auf der Post fanden wir einen Brief von Oma vom 11., einen von Tante May und Deinen vom 12. vor. Es ist so schön, wieder von Dir zu hören, da es mir schon ewig vorkommt, das letzte Mal etwas von Dir gehört zu haben.

Wir sind heute nicht allzu weit gekommen – nur etwa 50 Meilen, denn wir haben viel Zeit in Laghouat verbracht. Wir ließen Wagen und Caravan in der Werkstatt und sind umherspaziert, um uns alles anzusehen – Miss Cherry hatte einem ihrer Freunde geschrieben, der irgendeine Stelle bei der Stadt hat und uns unter seine Fittiche nahm und uns herumführte. Er ist ein sehr netter Mann von etwa 30 und lud uns zu Mittag in sein Hotel ein – er heißt Marfaing und hat einem Freund in Ghardaïa[30] geschrieben, damit der uns diese Stadt oder besser Oase zeige. Die Leute hier sind wirklich außerordentlich nett.

Offensichtlich beginnt die Wüste Sahara in Laghouat, so dass wir diese Nacht erstmals in der Wüste campen, und momentan schaut die Landschaft hier nicht sehr viel anders aus als auf der anderen Seite, außer dass es weder Hügel noch Berge gibt, nur meilenweit flaches Land soweit das Auge reicht, so als wäre man auf dem Meer.

Die Straße ist jetzt nicht ganz so gut, sehr wellig und mit Schlaglöchern, doch merkt man im Ford nicht viel davon.

Laghouat ist eine befestigte Stadt, umgeben von einer mit Schießscharten bestückten Mauer, und es ist hier eine große Garnison stationiert, deren Colonel wir einen offiziellen Besuch abstatteten. Der war zwar sehr nett, doch leider konnte ich nicht viel verstehen von dem, was er sagte.

25. Dezember

Ich denke, Du wirst Dich wohl gerade fertig gemacht haben für das Weihnachtsessen – wir hatten unseres schon zu Mittag: es gab gebratene Lammschlegel (das einzige, was wir in Laghouat bekommen konnten), Bratkartoffeln sowie Kohl und den Weihnachtspudding, den uns Mrs. MacDonald mitgegeben hatte.

Wir sind heute Morgen um 6.30 Uhr nach einer Tasse Tee und einigen Keksen aufgebrochen, gerade als sich die Sonne eben einmal verstohlen am Horizont zeigte, und fuhren etwa 30 Meilen in die Nähe der Wasserstelle Tilrempt. Hier hielten wir an, aßen unser Frühstück, badeten und kochten unser Mittagessen – und ich machte die Wäsche. Eine ältere Araberin kam mit einigen Kamelen in unsere Nähe und wir machten ein Foto von ihr, und ich hoffe, es ist gelungen.

Etwa um drei waren wir wieder auf der Straße und brachten noch einmal etwa 55 Meilen hinter uns – die Straße ist nunmehr sehr holperig und der arme alte Caravan wird auf ihr sehr geschüttelt, doch nichts ist kaputtgegangen – außer fünf Eiern, aus denen wir Rührei machten. Manchmal ist die Straße so schlecht, dass es neben ihr vier oder fünf Spuren gibt, die die Leute eher nutzen denn den Hauptweg und manchmal kommen all diese Spuren zu einer einzigen breiten Straße zusammen. Etwa auf halber Strecke hierher (wir sind etwa 40 Meilen von Ghardaïa entfernt) trafen wir auf den ersten Sand auf der Straße; ich war gerade am Steuer, und wir kamen so unerwartet daher, dass ich nicht vorbereitet war und alles vergessen hatte, was ich je über das Fahren auf Sand gehört hatte; ich schaltete rasch herunter, fuhr aber zu langsam und blieb mittendrin stecken. Doch schickten wir uns an, nach der bewährten Manier vorzugehen, schaufelten die Räder vom Sand frei, kuppelten den Caravan ab und fuhren auf festen Untergrund. Dann zog Daddy ein langes Seil vom Wagen zum Caravan, befestigte es vor den Rädern und wir zogen ihn erfolgreich heraus. Von dem Zeitpunkt, wo wir festhingen, bis da, wo wir wieder frei waren, waren nur 20 Minuten vergangen – nicht schlecht! Die sandige Stelle war ungefähr 20 Yards lang und ungefähr einen Fuß tief. Jetzt sind wir in einer etwas hügeligeren Wüste mit Buschwerk allerorten – meist liegen kleine Felsbrocken oder Steine auf einer sehr harten Sandfläche, über die zu fahren sehr leicht geht; jedenfalls besser als auf der alten Straße. Nahe bei uns weiden Kamele, doch nur Gott weiß, was die da fressen.

Weihnachten

Weihnachten. Oase von Berriave (40 Meilen von Ghardaia)

26. Dezember

Angekommen hier in Ghardaïa sehr früh heute Morgen und in der Hoffnung auf eine rasche Weiterfahrt und eine gute Tagesstrecke, entdeckten wir zu unserer Enttäuschung, dass der Militärkommandant über das Weihnachtswochenende verreist war und wir ohne dessen Passierschein nicht weiterkommen; so campen wir also hier im Innenhof des Bordj (Fort), bis er morgen zurückkehrt.

Uns bot sich ein kleiner Araberjunge namens Lalla an, uns beim Einkaufen herumzuführen und zu dolmetschen; er ist gerade einmal zehn Jahre alt, aber ein amüsanter und intelligenter kleiner Kerl; er mühte sich, uns zu überreden, ihn bis nach El Goléa mitzunehmen, und er sprach so, als ob er uns den ganzen Weg erleichtern könnte.

Der Caravan wird aus dem Sand gezogen. Bei Seb Seb

Gerade als wir zum Caravan zurückkehrten, kam ein Araber und berichtete, dass gerade einige Engländer im Hotel Trans-Atlantic mit einem Wagen wie dem unseren abgestiegen sind. Wir verstanden, dass sie aus südlicher Richtung über das Hoggar-Gebirge gekommen waren, und gingen los, um sie aufzusuchen. Es handelt sich um Captain Hicks und seine Frau – er gehört zur Rifle Brigade[31] –, die ihren Wagen auf dem Seeweg nach Kapstadt hatten transportieren lassen (er ist größer als unserer: ein Fordson[32] mit einer kleinen Pritsche) und nun sechs Monate auf dem Rückweg sind. Sie berichteten uns, dass an manchen Stellen der Canduntergrund sehr schlecht war und dass sie mehrfach stecken geblieben waren, und ich vermute, dass der Sand ständig in Bewegung ist, so dass er einen Tag auf der Straße liegt und am nächsten wie verschwunden ist, so dass es unmöglich ist, aus dem Erlebnis des einen Rückschlüsse darauf zu ziehen, was der nächste vorfinden wird.

Sie kamen beim Caravan vorbei und nahmen einen Drink mit uns und luden uns dann ein, mit ihnen zu Abend zu essen, was wir annahmen und hatten ein sehr gutes Abendessen. Wir sind soeben zurückgekehrt und werden wohl zu Bett gehen, wenn ich hiermit fertig bin.

Oh, ich vergaß Dir zu berichten, dass in einem Laden, in dem wir eine große Menge Dinge kauften, darunter ein paar arabischer Hosen für jeden für die wärmeren Tage (man nennt sie „Savouls Tuareg"), uns der arabische Geschäftsführer auf eine Tasse Kaffee und eine Zigarette einlud. Er war ein sehr charmanter Mann, und wir alle, auch Lalla, saßen im Laden und tranken schwarzen Kaffee.

27. & 28. Dezember

Vergangene Nacht war es wirklich unmöglich, mein Tagebuch fortzuführen, da wir mitten auf der Straße fest im Sand eingefahren waren und wir zwei Männer unterzubringen und im Caravan zu versorgen hatten.

Ich sollte wohl besser am Anfang anfangen, denke ich. Der Kommandant inspizierte gestern früh unsere Ausrüstung genau und wir verließen Ghardaïa gegen elf; wir hielten und aßen zu Mittag, fuhren dann weiter, trafen auf einige sandige Stücke hier und dort, aber nichts wirklich Ernsthaftes, bis wir gegen drei Uhr in einem wirklich tiefen Sandstück in einem Wadi (Flussbett) namens Seb Seb stecken blieben. Wir stiegen aus und wollten uns an die Arbeit machen, als plötzlich zwei Männer mit schmutzigen Bärten auftauchten und uns mit überschäumender Freude grüßten; es waren ein Engländer namens Peter Forbes und ein Tscheche namens John Gleitzner, die versuchten, den Rekord von Johannesburg nach London in einem 1938er, 38 PS-Dodge zu brechen. Sie hatten Johannesburg am 11. Dezember verlassen und waren in Seb Seb um 11 Uhr in der Nacht vom 26. Dezember angekommen, was eine erstaunlich kurze Zeit war, und waren dabei, den Rekord um zwei Tage zu verbessern, bis sie, oder besser Gleitzner, der zu dem Zeitpunkt fuhr, denn Forbes schlief (einer schlief immer, während der andere fuhr), dachte, er könnte dem Sand auf der Straße ausweichen, indem er ihn auf dem umfuhr, was nach härterem Grund aussah, und fuhr sich dann hoffnungslos fest. (Forbes' und unsere Meinung hingegen war, dass er kurz eingenickt und von der Straße abgekommen war!) Seit fünfzehn Stunden nach diesem Missgeschick gruben und schoben sie und taten alles, was man tun kann, wenn man im Sand feststeckt; auch legten sie all ihr Bettzeug unter die Räder, rissen es in Fetzen und fuhren schließlich noch tiefer als zuvor hinein, statt auf die Straße zurückzukommen. Sie mühten sich abermals für Stunden hiernach, doch ohne Erfolg. Als wir nun ankamen, versuchten sie uns hinauszuhelfen, da sie all unsere Kraft nutzen wollten, ihnen wiederum zu helfen – der Wagen war leicht herauszubekommen, wollte sich aber nicht mit dem Caravan bewegen lassen, und auch der Seilzug half nicht allzu viel. Schließlich wurde es zu dunkel und kalt und wir gingen alle in den Caravan, aßen Eier und tranken Kannen voller Tee; und nachdem wir uns wiederbelebt hatten, versuchten wir erneut mit der Hilfe einiger Araber, den Dodge herauszubekommen, gaben es aber hoffnungslos um 10 Uhr auf. Sie waren beide sehr erschöpft und wollten nur noch schlafen, Müdigkeit und Sorge, denn sie verlieren 1000 Pfund, wenn sie den Rekord nicht brechen, und es war frierend kalt draußen, und all ihr Bettzeug lag zerfetzt im Sand, so dass wir vorschlugen, sie mögen doch im Caravan schlafen, worüber sie sehr froh und dankbar waren. Wir tranken wiederum Kannen voller Tee und Rum und gingen angezogen zu Bett. Ich mag Dir nicht erzählen, wie es ausschaute: ich schlief in Deinem Bett, Gleitzner in meinem, Forbes in dem von Daddy und der arme Daddy auf dem Boden. Wir glaubten, dass die Rekordbrecher die Betten haben sollten, da sie, wenn sie es schaffen sollten, nach Algier zu kommen und morgen das Schiff nach Marseille zu erreichen, noch eine Chance hätten, den Rekord zu brechen. Sie schliefen wie die Toten, und Gleitzner schnarchte furchtbar, bis ich sie heute Morgen bei Tagesanbruch weckte, damit wir uns an die Arbeit machten, unsere Autos herauszuziehen. Noch um 9 Uhr hatte keiner von uns Glück damit: der Ford kam zwar ohne den Caravan leicht heraus, aber das Sandstück war zu lang, um den Caravan mit dem langen Seil herauszuziehen, und angekuppelt ging es gar nicht. Hungrig geworden, frühstückten wir im Caravan, und gerade, als wir fertig waren, hörten wir den großen Bus ankommen, der von Ghardaïa nach El Golëa fährt. Er hielt an und man half uns mit einigen sehr langen geflochtenen Seilen, ein wirklich dickes Material, und damit – und mit Hilfe aller Busreisenden – waren wir rasch heraus. Dann holten sie den Dodge heraus und alles war wieder gut, außer dass wir erkannten, mit dem Caravan im Schlepp wohl nicht durchzukommen, wenn wir nicht etwas von diesem schweren Flechtseil bekämen. Falls wir es nicht auftreiben sollten, würde unsere Reise wohl vorbei sein, und wir beide fühlten uns krank und matt.

Die Rekordjäger steckten im Sand

Jetzt sind wir auf dem Rückweg nach Ghardaïa, um diese Grillards,[33] wie man sie nennt, aufzutreiben – wir können uns einfach nicht entschließen, weiterzumachen.

Auf dem Rückweg nach Ghardaia

Wir nehmen einen Araber mit zurück nach Ghardaïa, und jetzt sitzt er draußen an einem kleinen Feuer, das er sich gemacht hat, isst Datteln und trinkt eine Schale Tee, die wir ihm gaben – jedes Mal, wenn wir ihm etwas geben, küsst er unsere Hände und sieht so dankbar aus. Sie sind in vieler Hinsicht ein sehr attraktives Volk. Wir hielten in der Wüste am Nachmittag, um ein Foto zu machen, und in der Nähe war ein Araberlager und sie luden uns auf einen Kaffee ein: wir saßen im Zelt auf Bodenteppichen und als der Kaffee gemacht wurde, schüttete der Araber, der ihn machte, etwas in ein kleines Glas und trank ihn, dann füllte er ihn auf und gab ihn mir! Ich mochte eigentlich gar nicht aus dem selben Glas trinken, musste dies jedoch, da es zu einer kleinen Zeremonie gehörte, die zeigen sollte, dass er nicht vergiftet ist. Wir gaben ihnen als Gastgeschenk zwei Dosen Räucherheringe.

Ich bin nun sehr müde, werde zu Bett gehen und sicher gut schlafen.

29. Dezember

Wir sind zurück im Innenhof des Bordj. Daddy war schon überall, um Grillards aufzutreiben, doch unsere einzige

Hoffnung ist, dass es sie in Algier gibt, und so warten wir auf ein Telegramm von Mrs. de Malglaive, um zu erfahren, ob sie sie für uns besorgen kann.

Die Offiziere hier sind sehr freundlich; der Kommandant besuchte uns, hatte einen Drink heute Abend bei uns und tut alles in seiner Macht Stehende für uns.

Ein Brunnen in der Wüste und Araber

Wir haben Lalla wieder eingestellt, und er ist immer noch begierig, mit uns nach El Golëa zu gehen – und tatsächlich hat er Daddy erzählt, dass, hätten wir ihn zuvor mitgenommen, wir keine Schwierigkeiten mit dem Sand gehabt hätten! Wir haben nichts mehr von Forbes und Gleitzner gehört und wären sehr neugierig zu erfahren, ob sie London rechtzeitig erreicht haben; ich tat Mentholatum[34] auf Forbes Handgelenke und verband sie, bevor sie losfuhren, da sie beide ziemlich gezerrt waren und er noch einiges an Fahrstrecke vor sich hatte – sie müssen im Durchschnitt 60 Meilen in der Stunde in Frankreich fahren! Noch hält Gleitzner den Rekord des letzten Jahres und will ihn unterbieten – sie waren über die Strecke Gao, Bidon 5 und Reggane gefahren.[35]

30. Dezember

Wir fühlen uns schon viel fröhlicher, da wir von Mrs. de Malglaive hörten, sie könne uns die Grillards besorgen und die wären am Sonntag hier. Auch haben wir einige lange Matten aus Palmfasern gekauft, etwa 15 Zoll breit, und ich glaube, sie werden im Sand sehr nützlich sein.

Ich habe wahre Mengen von Briefen heute verfasst, hatte aber mehrere Unterbrechungen, da einige Offiziere zu Besuch kamen – jeder gab uns Ratschläge, wie man dem Sand begegnet und theoretisch wissen wir jetzt alles darüber.

Heute Nachmittag holte uns Lallah[36] ab, um uns die Palmenplantagen, die sich etwa zwei Meilen südlich von Ghardaïa erstrecken, zu zeigen; die Araber leben praktisch von diesen Datteln, und man erzählte uns, dass ein Araber zehn Tage in der Wüste von einer Handvoll Datteln und einem kleinen Wassersack leben könne.

Lallah bat uns, ihm ein Englisch-Französisches Wörterbuch zu geben, da er sich als Führer für die Engländer anbieten wolle. Er hörte sich jedes Wort genau an, das wir in Englisch sprachen.

31. Dezember

Heute Nachmittag verließen wir den Bordj und sind wieder in die Wüste gefahren. Es gab so etwas wie eine Parade heute Vormittag im Innenhof und so meinten sie, sie würden sich geehrt fühlen, wenn wir blieben, doch waren wir der Meinung, abzufahren sei besser – auch dachten wir, dass es besser wäre wegzukommen und ein Neujahrsbad zu nehmen. Wir mussten Wasser in Ghardaïa kaufen, und Trinkwasser kostet etwa 1/2 für die Gallone, Waschwasser etwa 1/4 die Gallone! Das meiste kommt aus Wasserbeuteln aus Ziegenhaut – die nutzte man dafür schon zu Zeiten des Alten Testaments; ich mag es nicht zum Trinken, doch der Kommandant meint, es sei sehr sauber und dass die Haut innen geteert sei. Wir aber kochen jedes Wasser ab, das wir trinken oder mit dem wir unsere Zähne putzen. Es ist herrlich hier draußen – völlig verlassen natürlich, doch in bestimmter Hinsicht sehr faszinierend. Es ist so unglaublich groß und lässt uns und unsere Gerätschaften so unbedeutend erscheinen – die Luft ist wunderbar, und man kommt weg vom Staub, der immer über den Dörfern liegt. Wir hoffen, dass unsere Grillards morgen ankommen werden, aber man sagt, dass der Pass über den Atlas erneut von Schnee blockiert sei, was sehr lästig wäre.

Januar

1. Januar 1938

Neujahrstag ist heut', und ich hoffe, auch Du hattest einen schönen.

Wir feierten den Tag, indem jeder ein gutes Bad und ein schönes Essen hatte. Nach dem Mittagessen sind wir hierher auf unseren alten Platz im Bordj zurückgekommen und hofften, die Grillards vorzufinden, doch sie sind nicht da, und so hoffen wir auf morgen.

2. Januar

Leider sind unsere Grillards immer noch nicht angekommen, wir glauben aber, dass sie mit einem Lastkraftwagen auftauchen werden, der wohl heute Nacht ankommen wird, weswegen wir dann morgen so früh als möglich versuchen werden aufzubrechen.

Wir hatten einen ganz tollen, langen Besuch von einem französischen Luftwaffenoffizier, der sehr viel in der Wüste umhergefahren war und Fotos von der Strecke, die wir nehmen wollten, mitbrachte, und uns auch Ratschläge bezüglich des Sands gab. Jetzt kennen wir jedermanns Meinung darüber, wie man am besten damit umgeht.

Es hat ein klein wenig geregnet heute, und scheinbar ist das das Beste für den Sand, da es ihn etwas härter macht.

Wir erledigten am Nachmittag einige Einkäufe – es gibt hier nur arabische Läden, und die Araber in diesem Teil der Welt sind großartige Geschäftsleute, und sehen sehr jüdisch aus; und es gibt die Theorie, dass sie der verlorene Stamm seien[37] – sie sind und waren nie Kämpfer und wurden jahrhundertelang verfolgt und siedelten sich schließlich im 9. oder 10. Jh. in dieser Oase an und sind seitdem hier. Es sind ziemlich untersetzte, kleine Männer

– die Frauen sieht man kaum, und wenn, dann sind sie mit dichtem Schleier umhüllt und zeigen höchstens ein Auge – ich glaube, ihr einziges Vergnügen ist der Gang auf den Friedhof und das Jammern.

Zwei Offiziere kamen heute Nachmittag in den Innenhof und schickten eine Rakete gen Himmel; wir konnten uns nicht vorstellen, warum sie das taten, fanden aber später heraus, dass man das tut, um es regnen zu lassen. Ob es funktioniert oder nicht, weiß ich nicht, doch sicher hat es danach geregnet, wenn auch nur ein wenig und mit dicken Tropfen, doch hat es den Boden genug befeuchtet, um den Staub zu stoppen und alles sauber und angenehm ausschauen zu lassen.

Bei El Golea

3. Januar

Hier sind wir jetzt etwa 60 Meilen auf der anderen Seite von El Golëa. Wir sind heute bei Tagesanbruch aufgebrochen und, nachdem wir unsere Grillards in Empfang genommen hatten, die letzte Nacht ankamen, haben Ghardaïa gegen sieben verlassen und etwa 140 Meilen zurückgelegt – am Wadi Seb Seb, wo wir das letzte Mal unser Waterloo erlebten, rollten wir durch als wäre dort nie Sand gewesen! Doch das verdankten wir keiner unserer neuen Gerätschaften, sondern es hatte in der Nacht heftig geregnet und das hatte den Sand viel griffiger gemacht, und wo immer wir entlang der Strecke auf Sand stießen, fanden wir diese für uns angenehme Situation vor; und nun sollten wir, glaubt man den Karten und Straßenatlanten, bis El Golëa keine Schwierigkeiten mehr haben, und unsere nächste Sandstrecke wird in der Nähe von In Salah sein.[38] Ich werde meinen Brief morgen aufgeben, da ich nicht sicher bin, ob ich vor In Salah dazu noch einmal Gelegenheit haben werde. Ich wünschte, wir hätten einige Nachrichten von Dir, aber bedauerlicherweise wohl erst ab Kano.

Die heutige Strecke war insgesamt nicht schlecht, doch an vielen Stellen unangenehm hügelig und wir wie auch der Caravan wurden ordentlich durchgeschüttelt, doch soweit ging nichts zu Bruch. Es war eine ziemlich monotone Strecke – das übliche trockene, verlassen aussehende Land: manchmal weite Ebenen, manchmal Steinhügel und sehr oft große Sanddünen. Der Wind war ziemlich stark und blies den Sand ordentlich, doch da es auf der feuchten Seite war, war es nicht so schlimm wie es hätte sein können. Es ist auch nicht allzu warm! Wir tragen immer noch Winterkleidung und die Wärmflasche ist immer noch höchst willkommen!

El Golea – Ein Blick auf die Palmen

4. Januar

Heute haben wir 108 Meilen zurückgelegt und kommen nur langsam voran. Wir hatten gehofft, mehr zu schaffen, verbrachten aber viel Zeit in El Golëa, so dass wir nicht vor 3 Uhr wegkamen – um 10.30 waren wir dort angekommen. Wir mussten den Kommandanten aufsuchen und unseren „Contrat de dépannage"[39] mit der „Société Algérienne de Transport Tropicaux" vereinbaren. Wir mussten ihnen 360 Francs (etwa 2 Pfund, 12 Shilling und 6 Pence) zahlen und dafür überwachen sie unsere Weiterfahrt bis Agadez[40] und senden notfalls Hilfe und Telegramme von einem Halt zum nächsten mit den Daten, wann wir etwa ankommen müssten. Bei der Ankunft an jedem Halt berichten wir und nennen die Anzahl Tage, die wir bis zum nächsten brauchen wollen. Wir nannten zehn Tage für die Strecke von El Golëa bis In Salah, dem nächsten Halt, doch es sind nur 260 Meilen. Wir wollen das gemäß unserer eigenen Geschwindigkeit tun, soweit wie möglich, und nicht gerettet werden!

Wir aßen in einem kleinen Hotel zu Mittag, kauften weitere Vorräte und Brot.

El Golëa hielten wir für höchst interessant – eine nette, saubere Oase mit einer Menge grüner Bäume und Rosenbeeten, und deren Duft war grandios.[41]

Die Leute sahen viel dunkler aus, doch glaube ich, es sind immer noch Araber – wahrscheinlich Beduinen. Etwa 30 Meilen diesseits von El Golëa befuhren wir einen ziemlich steilen Berg, die ersten Ausläufer des Tademaït,[42] und gerieten in ziemlich tiefen Sand. Wir hätten es wohl sicher da durch geschafft, doch ließen wir es darauf nicht ankommen, sondern schaufelten eine Fahrspur hindurch, ließen etwas Luft aus den Reifen und mit der größeren Auflagefläche segelten wir dann sehr komfortabel hindurch.

Wir stehen jetzt um vier Uhr früh auf und gehen um 7.30 oder 8 Uhr zu Bett. Es ist hier schon kurz nach 5 Uhr abends dunkel und wir wollen das Tageslicht möglichst ganz für die Fahrt nutzen.

Es ist schon eine erstaunliche Strecke, die die Franzosen dem Weg gegeben haben, auf dem wir sind, mitten durch die Sandhügel; und aus der Entfernung sieht es aus, als sei es unmöglich, da durch zu kommen, doch irgendwie haben sie es geschafft, einen Weg hindurchzuwinden. Kleine Sanddünen liegen allerorten, mal nah und fast auf der Strecke, doch bislang sind wir nur zweien direkt darauf begegnet, und zwar zwischen Ghardaïa und El Golëa, und konnten sie zum Glück abseits der Straße umfahren – sie sehen aus wie große Tiere, bereit zum Sprung.

Wir sind heute durch eine höchst sonderbare Gegend gefahren – mal entlang gewaltiger Sandhügel, mal in große Täler fallend, umgeben von Hügelchen, die so aussehen, als hätte man ihnen mit einem kräftigen Schlag die Spitzen abgeschnitten. Gleich hinter El Golëa fuhren wir an einem See namens Belaid[43] vorbei, dessen Wasser aber vergiftet ist.

Heute Nacht haben wir an der Kreuzung von Timimoun[44] gecampt, wo die Straße nach In Salah nach links, die nach Timimoun und Reggane nach rechts abzweigt. Wären wir auf der ursprünglichen Route weitergefahren, hätten wir hier nach rechts abbiegen müssen.

Wir hatten heute unsere zweite Reifenpanne.

5. Januar

Heute haben wir 146 Meilen zurückgelegt, meistenteils entlang der hässlichsten Landschaft, die man sich vorstellen kann – entlang der Hochfläche des Tademaït Plateaus. Es ist eine einzige Fläche von hart verkrustetem Sand, auf dem es nichts außer schwarzen Steinen gibt, die überall herumliegen und wie Kohle aussehen; es erstreckt sich über 140 Meilen – und hätten wir nur auf einen Schlag all diese Meilen zurückgelegt! Es ist, als ob man oben auf einem schwarzen Tisch mit einem weißen Band (der Straße) stünde, das genau in der Mitte hindurchläuft. Es war auch noch der schmutzigste Teil unserer Reise bis jetzt, und Gott sei Dank kommen wir in den nächsten 25 Meilen herunter davon. Das einzig Nette, das man davon berichten kann, ist, dass es nur sehr wenig Sand gibt dessentwegen man sich sorgen müsste. Es ist wirklich zu tödlich und monoton, als dass man es beschreiben könnte, doch die Fahrstrecke war insgesamt sehr gut trotz der ansonsten entsetzlichen Situation. Sie war vormittags derart gut, dass wir uns selbst freien Lauf ließen und wirklich schnell fuhren und dann zu unserem Bedauern entdecken mussten, dass wir dafür zu bezahlen hatten, denn als wir in den Caravan kamen, fanden wir eine riesige Staubwolke vor. Scheinbar hatten wir einen ziemlich großen Stein überfahren und der muss wohl ziemlich übel gegen einen der Radkästen geschleudert worden sein und eine der Nähte etwas geöffnet haben, so dass der Staub eindringen konnte – es war einfach nur noch furchtbar, und alle meine Schubladen mussten ausgeräumt werden und aus den Kleidungsstücken musste der Staub geklopft werden! Der arme Daddy musste die Mittagsstunde mit der Reparatur verbringen, doch nun ist alles wieder heil und wir haben gelernt, langsam und jederzeit achtsam auf diesen Straßen zu fahren.

Das Taddemait-Plateau

Fort Mirabelle, aufgenommen von Ouid

Wir haben den ganzen Tag über kaum ein Lebewesen gesehen – zu Beginn des Plateaus sahen wir einen Araber mit ein paar Kamelen; wir machten Halt bei einem alten Fort, Fort Miribel, das heute ein Rasthaus der Société Algérienne de Transport Tropicaux (kurz S.A.T.T.) ist und nahmen etwas Wasser auf, und danach haben wir nur noch schwarze Steine und Sand gesehen.[45]

Das Taddemait-Plateau.

6. Januar

Heute Abend sind wir weniger als 20 Meilen vor In Salah; wir haben einen sehr schönen Campingplatz zwischen netten kleinen Hügeln auf angenehmem weißem Sand auf steinigem Grund gefunden, auf dem einfach zu fahren ist.

Wir waren heute Morgen auf der Straße, sobald genügend Licht zur Sicht da war, und die Abfahrt vom Tademaït Plateau war wunderbar im frühen Morgenlicht; wir schienen auf die Welt herabzusehen: überall Berge; ich machte zwei Fotos, bin aber nicht sicher, ob sie etwas werden, da es Gegenlicht gab. Hiernach befuhren wir jede Art Straße, gut, schlecht und mittelmäßig, bis wir schließlich an einen Brunnen kamen und hielten; dort erfrischten wir uns und aßen ein Irish Stew[46] zu Mittag. Daddy nahm Wasser aus dem Brunnen und fand es eine furchtbar schwere Arbeit, da er wohl gut 200 Fuß tief war, und er glaubte schon, seinen Eimer nie mehr wieder zu sehen – doch leider können wir das Wasser nur zum Waschen verwenden, da es magnesiumhaltig ist.

Um halb vier brachen wir wieder auf und fuhren prompt in eine Menge Sand, doch glücklicherweise schafften wir es ziemlich gut, hindurch zu kommen – nur  einmal festgesteckt und es dann in 10 Minuten herausgeschafft ohne unser „appareil d'ensemblement"[47] benutzen zu müssen.

Morgen früh beginnt der wirklich schlechte Teil der Strecke nach In Salah, und es beginnt gleich hinter diesem Platz; wir haben hier für diese Nacht Halt gemacht, da wir es für klüger halten, dem Sand so früh am Morgen wie möglich zu begegnen, und wenn dieser Brief morgen in In Salah aufgegeben worden ist, wirst Du wissen, dass wir erfolgreich waren. Es ist gerade halb sechs und wir gehen zu Bett, sobald ich den Brief beendet habe, da wir schon um 3.30 Uhr aufstehen und gut frühstücken müssen, um gleich bei Tagesanbruch auf der Strecke zu sein.

7. Januar, 22 Uhr

Wir schafften es schließlich doch, heute Morgen nach In Salah zu kommen, und was soll ich mehr sagen, als dass wir schon kurz nach 9 Uhr da waren? Wir sind zuweilen recht fröhlich durch ziemlich tiefen Sand gefahren, doch letztlich mussten wir 5 Meilen vor der Ankunft in der Oase noch heftig schaufeln. Aber wir hatten das außerordentliche Glück, dass in unserer Nähe ein Lastkraftwagen mit einer Panne liegen geblieben war und der Fahrer, der diese Strecke in den letzten zehn Jahren praktisch jede Woche befuhr, herbeieilte und uns half und uns genau die richtigen Ratschläge gab und erklärte, wie man festen von weichem Sand unterscheidet. Als wir wieder festen Boden unter uns hatten, gingen wir alle in den Caravan und nahmen einen guten Schluck. An dieser speziellen Stelle, an der wir festsaßen, war früher ein Sandsee gewesen, und da für uns das alles neu ist, wussten wir nicht, welches der beste befahrbare Untergrund war und steckten nahe der Strecke fest, doch hoffen wir mit unserem jetzigen Wissen, es besser zu machen. Nachdem wir dies alles zu uns selbst gesagt hatten, wurden wir gleich von den Militärbehörden aufgehalten, da wir keine besondere Erlaubnis hatten, Französisch-Nigeria zu betreten – die hätten wir vom Generalgouverneur in Dakar[48] bekommen müssen.[49] Ist es nicht zum Verrücktwerden? Der R.A.C. sagte uns, dass wir alles Notwendige hätten, doch die Leute hier erzählen uns, dass jeder auf diesem Weg angehalten werde; nun müssen wir wegen der Genehmigung telegraphieren, und da der Mann vom Telegraphenbüro zu Mittag ist, müssen wir warten, bis er zurückkommt. Wir fragten, ob wir die Genehmigung nach Tamanrasset[50] telegraphiert bekommen könnten, doch man antwortete uns, dass das sehr teuer sei, was uns noch mehr irritierte.

Wir nahmen den Fahrer mit uns zurück nach In Salah und ließen einen Araber als Wache beim Lastkraftwagen. Da wir nun hier abwarten müssen, denke ich, ich schreibe jetzt, denn wir haben nach In Salah offenbar noch 25 Meilen Sandpiste, und Gott allein weiß, welche Art Picknick wir heute Abend haben werden. Als wir ankamen, erschienen drei Flugzeuge über der Piste – sie fliegen in der Regel über der Piste, und auf ihr sind große weiße Markierungen als Anhaltspunkte –, und einer von ihnen flog sehr tief, lächelte und winkte. In Salah ist in Wirklichkeit nur ein altes Fort und sieht in seinem arabischen Stil wie aus Lehm gebaut aus, doch ich glaube, andere Gebäude wurden darum gebaut, da es für ein einzelnes Fort nun doch etwas groß ist. Wir konnten kein Brot oder etwas anderes in der Art kaufen, doch zum Glück haben wir drei Laibe im Vorrat, und ebenso ist das ganze Wasser magnesiumhaltig und wir haben glücklicherweise eine Menge guten Wassers dabei. Wir gingen zum Markt, um Fleisch zu kaufen, doch war der übervoll mit lauten Arabern oder Beduinen – ich kann sie nicht unterscheiden –, und sie schienen das Fleisch zu versteigern; schließlich fanden wir einen Araber, der etwas Französisch sprach und der uns eine kleine Hammelkeule, wie er sagte, besorgte, doch ich bin sicher, es war eine Ziegenkeule! Es gab nichts dort, um sie einzupacken, und so mussten wir sie offen mitnehmen.

In Salah – Hôtel des Portes – Ruelle des Contributions Diverses

---

Am Abend: Seit dem Schreiben von heute Nachmittag haben wir mehrere Empfänge im Caravan abgehalten: zuerst einige Touristen, dann einige Soldaten, dann einige Leute von der S.A.T.T. und sind schließlich um drei aufgebrochen. Die Straße war ziemlich sandig und nach acht Meilen schließlich steckten wir fest, und ich dachte schon, wir kämen nie wieder heraus, doch es gelang – und kostete uns diesmal fast eine Stunde. Jetzt campen wir auf herrlich festem Grund mit einem Meer von Sand um uns herum. Unser Telegramm an den Gouverneur kostete 25 Shilling.

8. Januar

Ich glaube, wir haben einen Schutzengel, der nach uns schaut. Heute Morgen um 6.30 Uhr als wir gerade aufbrechen wollten, hörten wir in einiger Entfernung ein surrendes Geräusch, und wer taucht wohl auf mit dem größten Lastkraftwagen, den ich je sah? Unser alter Bekannter, der freundliche Fahrer von gestern, und offenbar hatte man ihn, da sein LKW nach Ghardaïa eine Panne hatte, auf die Strecke nach Tamanrasset geschickt, und er meinte, dass, wenn wir ihm folgen könnten, er uns durch den Sand führen werde, und glaubte nicht, dass wir stecken bleiben würden – sinnlos noch anzumerken, dass wir überglücklich waren und für 25 Meilen an ihm klebten bis wir aus dem Ärgsten heraus waren. Es ist wirklich wunderbar anzusehen, wie er dem weichen Untergrund aus dem Weg ging und zur rechten Zeit von der Straße abwich an Stellen, an denen wir selbst es nie getan hätten, und wir rauschten hinter ihm her durch für uns furchtbar aussehende sandige Stellen, doch er wusste genau, dass sie hart genug waren; wir rutschten hinter ihm in Sanddünen hinein und wieder heraus und blieben doch nicht stecken und es war alles so aufregend, und wären wir auf uns allein gestellt gewesen, ich glaube, wir hätten uns noch und nöcher eingegraben. Dann kamen wir auf die grausamste Strecke, voller Riefen, Dellen und Löcher, einfach alles, was Du Dir vorstellen kannst, und manchmal fuhren wir weite Strecken mit nur 5 Meilen die Stunde und schließlich geriet der LKW außer Sicht, und wir fuhren knatternd weiter in den unangenehmsten und sehr kalten Wind hinein, der den Sand überallhin blies, doch wir schafften es, die Spuren des LKW auszumachen, und wo er die Straße verlassen hatte, um dem Sand auszuweichen, taten wir desgleichen und arbeiteten uns so 109 Meilen weiter. Etwa um drei verließen wir die Sandebene und fuhren in die Schluchten der Mouydir-Berge,[51] wo wir für die Nacht unseren Platz aufschlugen und für einen Moment dem Sand und dem Wind entkommen waren. Ich werde dies morgen abschicken, wenn wir nach Arak[52] kommen.

9. & 10. Januar

Ich schrieb letzte Nacht nicht, da wir vier Meilen vor unserer Ankunft in Arak ziemlich übel im Sand stecken geblieben waren. Wir sind ziemlich gut entlang des Wadi Arak vorangekommen und bemerkten, wie schön das hier alles war (da wuchs kleines Buschwerk im Wadi, auch Dornbusch, und alles war umgeben von blauen und violetten Bergen), bis wir an eine große Sanddüne direkt über der Strecke gerieten. Wir hielten an und gingen umher, um einen guten Weg herum zu finden, doch der Sand war überall. Schließlich wählten wir eine Stelle aus und nahmen es in Angriff, doch konnten wir keinen festen Untergrund erreichen und mussten all unsere Gerätschaften zu Hilfe nehmen. Danach blieben wir noch einmal stecken, doch dann rauschten wir auf unserem Weg über den Sand, ohne noch mal stecken zu bleiben, nach Arak. Als wir dort ankamen, stellten wir fest, dass es nur aus einem alten Bordj besteht, den die S.A.T.T. übernommen und in ein Rasthaus verwandelt hat; hier blieben wir die Nacht, duschten (es gab kein Bad) und aßen im Rasthaus zu Abend, und danach war ich derart müde, dass ich geradezu ins Bett fiel.

Bordj bei Arak

Auch heute Abend merken wir, dass das Bett ein guter Platz ist. Zwar haben wir 120 Meilen zurückgelegt, mussten aber um die Mittagszeit kräftig schaufeln – dreimal in einer Stunde saßen wir fest! Beim dritten Mal waren wir's satt und beschlossen, es zu lassen und zu Mittag zu essen. Getan und mit neuer Kraft gestärkt schafften wir's heraus – wir sahen Gazellen und kleine Vögel heute in den

Wadis in der Vegetation. Es war ein großartiges Gefühl, als wir gestern zum ersten Mal wieder Vegetation und einen kleinen Vogel sahen; und fünf Gazellen sahen wir gestern, heute dreizehn, auf oder nahe bei der Straße, und wir sind durch eine großartige Schluchtenlandschaft am Hoggar-Massiv heute gekommen.

11. Januar

Unsere Strecke betrug heute nur 79 Meilen, doch glauben wir, dass es schon nicht schlecht war, da die Straße nicht sehr gut war und einen nur langsam fahren ließ – auch hielten wir vier Stunden, um unser Ziegenbein zu kochen. (Es war gar nicht so schlecht, und Peter glaubt, dass es Hammel war, ich aber habe da so meine Zweifel.) Dann trafen wir fünf Meilen nachdem wir wieder losgefahren waren zwei Männer und eine Frau – es waren Belgier aus dem Belgisch Kongo mit einer Panne. Die Hinterachse ihres 1925er Ford war gebrochen und sie hatten keinen Ersatz dabei. Wir halfen ihnen, den Wagen an den Straßenrand zu schieben, und als sie meinten, sie hätten alles fürs Camping Notwendige, verließen wir sie und nahmen einen Brief nach Tamanrasset in eine Werkstatt mit, mit dem Auftrag, ihnen eine neue Achse zu besorgen. Wir warnten sie zwar, dass wir nur sehr langsam reisten, und dass sie, käme ein einzelnes Fahrzeug vorbei, besser dem den Brief mitgeben würden; auch boten wir an, die Frau mitzunehmen, doch wollte sie die anderen nicht verlassen. Natürlich war das Erste, was wir wenige Meilen später taten, uns in einem furchtbaren Sand festzufahren, und es kostete uns 1 1/2 Stunden herauszukommen. Es gibt drei Arten von Sand – zumindest kennen wir nur drei Sorten: der erste ist der gewöhnliche Wüstensand, über den wir es manchmal schaffen, drüberzurutschen; der zweite ist ein ziemlich feiner, kiesiger Sand, der uns bis jetzt noch keine Schwierigkeiten machte, doch der Schlimmste von allen ist ein Sand, den sie „Fech-Fech"[53] nennen, und dem ist meist nicht zu entrinnen: er schaut schön und fest aus, da er eine krustige Oberfläche mit Einlagerungen von Kieseln und kleinen Steinchen hat, doch einmal berührt, fällt er auseinander und darunter ist ein sehr feiner Sand oder Staub fast wie Gesichtspuder – diesen Sand hasst jeder in der Wüste.

Es sind etwa noch 70 Meilen bis Tamanrasset jetzt, und wir sind den ganzen Tag bergauf gefahren; und als wir auf der Spitze eines Kamms ankamen, glaubten wir schon, auf dem Gipfel des Hoggar-Massivs zu sein, doch war da noch ein Bergrücken vor uns und ein weiterer ist jetzt noch vor uns, so dass wir schon glaubten, in den Himmel zu fahren; die Nächte sind meist bitterkalt jetzt und alles friert, doch tagsüber wird es tatsächlich sehr heiß. Heute Nacht werden wir einen Eimer abgekochten Wassers rausstellen und wenn er morgens zu Eis geworden ist, werden wir es in die Thermoskanne tun, und beim nächsten Steckenbleiben werden wir dann Eis haben, um uns wieder auf den Weg zu bringen. Das Hoggar-Massiv ist ein Gebirge, das sich etwa über 200 Meilen erstreckt, und der Ausblick auf der Höhe ist einfach nur großartig, und gelegentlich, wenn man weite Strecken weißen Sandes mit eisigen blauen Bergen in einiger Entfernung sieht, habe ich den Eindruck, dass es ausschaut wie in der Schweiz.

Tamanrasset – Hôtel S.A.T. T.

12. Januar, 10.30 h

Wir sind soeben in Tamanrasset angekommen und, ich bin dankbar, das sagen zu können, es gab keinen Sand mehr, der übel genug war, uns aufzuhalten; unsere nächste Etappe nach In-Guezzam[54] wird – glaube ich – das übelste Sandstück werden, so dass wir wohl einige Tage dafür benötigen werden.

Ich nehme an, dass Du schon bald wieder zur Schule gehst, und ich hoffe, Du hast gutes Wetter gehabt und eine angenehme Zeit in Deinen Ferien – aber ich bin sicher, Du hattest! Ich sehne mich danach, nach Kano zu kommen, um einige Briefe zu bekommen und zu erfahren, was Du gemacht hast und wie es Dir geht.

12. Januar abends

Wir schafften es nicht, aus Tamanrasset vor vier Uhr nachmittags aufzubrechen, da uns der Kommandant sehr freundlich zu Mittag einlud und in der Offiziersmesse ein großes Mittagessen abhielt; da war auch der Luftwaffenkommandeur und der Leiter der zivilen algerischen Fluggesellschaft samt Frau, die zu einer Flugschau hier waren, die heute stattfand; der Militärkommandant ist ein Junggeselle; dann waren da noch fünf Offiziere, und da einer oder zwei ein wenig Englisch sprachen, ging es mir recht gut und wir hatten alle beide unseren Spaß und erfreuten uns an einer sehr guten und ausgiebigen Mahlzeit.

Straße von Norden nach Tamanrasset (mit Lehmpfeilern)

Jetzt haben wir zwischen hier und In-Guezzam die schlimmste Strecke unseres Weges vor uns, und jedermann berichtet, dass der Sand „très mauvais"[55] sei, so dass ich nicht besonders gerne an die nächsten Tage denke.

Wir trafen ein englisches Paar gleich vor Tamanrasset, das von Kapstadt hochgefahren war, und auch die sagten, dass sie bedauerten, dass wir wohl die nächsten 300 Meilen eine üble Zeit vor uns hätten. Doch hoffen wir das Beste! Wir sind schon so weit gekommen, und bei jedem Halt erzählte man uns, wir würden mit dem Caravan nicht weiterkommen. Wir trafen unseren alten Freund, den Lastkraftwagenfahrer, heute Morgen auf seinem Weg zurück nach In Salah, und er war sehr erfreut und meinte, wir würden gut durch den Sand kommen. Offenbar sind wir die Ersten, die die Sahara mit einem Caravan zu durchqueren versuchen! Die anderen waren nur mit Gepäckanhängern unterwegs gewesen, und Sir Charles Markham[56] hatte auch einen Gepäckanhänger, und dazu soll es nur ein kleiner gewesen sein.

Sand

13. & 14. Januar & am Morgen des 15.

Ich schrieb am 13. nicht, da ich so müde war; wir sind mehrfach im Sand stecken geblieben und der Motor lief heiß, was sehr beunruhigend war; auch verabschiedete sich das Bremsseil. Wir mussten eine stattliche Menge unseres kostbaren Wassers in den Kühler schütten, und es gibt keine Wasserstelle von hier bis nach In-Guezzam. Gegen 10 Uhr abends tauchten zwei Engländer draußen am Caravan in einem kleinen Opel auf; sie waren auf dem Weg nach Rhodesien. Sie blieben und unterhielten sich mit uns einige Zeit und campten dann in ihrem Auto bei uns.

Was ich nun schreibe, ist eher nur eine Zusammenfassung dessen, was seitdem geschah, doch ich hoffe, dass es Dich nicht beunruhigt, wenn Du es liest.

Wir brachen am nächsten Morgen bei Tagesanbruch auf in der Hoffnung, diesen schrecklichen In Guezza-Sand so schnell wie möglich anzupacken. Wir mussten vor dem Losfahren den Kühler auffüllen, und der nahm eine schrecklich große Menge Wasser zu sich; dann rauschten wir fünf Meilen durch ziemlich tiefen Sand und merkten, dass die Anzeige meldete, dass der Motor kochte, und mussten erneut etwas Wasser zugeben; zwei Meilen später kamen wir an eine schreckliche Senke mit tiefem Sand, die wir aber nichtsdestotrotz bewältigten, doch als ich zurückging, um die Grillards, die wir untergelegt hatten, wieder einzusammeln, bemerkte ich, dass der Wagen überall geleckt hatte. Gerade in dem Moment kam der kleine Opel an, und einer der Männer sagte, er sei Mechaniker und würde nach dem Wagen sehen; er tat's und entschied sich, den Zylinderkopf abzunehmen, um nachzusehen, und zu unserem Entsetzen und unserer Verzweiflung entdeckten wir, dass er gesprungen war, was soviel bedeutete, als dass wir nichts weiter tun konnten, bis irgendwie ein neuer herbeigeschafft war. Wir steckten nun auf halben Weg (etwa 140 Meilen) zwischen Tamanrasset und In-Guezzam an dem denkbar gottverlassensten Fleck fest; ein Sandsturm kam auf und bläst seitdem und wir beide glaubten, verrückt zu werden, wenn nicht bald etwas geschah. Wir wollen gar nicht daran denken, warum wir auf diese verrückte Reise mit all ihren Gefahren gegangen sind, doch jetzt sind wir hier und haben hier irgendwie herauszukommen, wenn wir können und wenn unser Wasser reicht, und leider, abermals glaube ich, verrückt zu sein, gaben wir zehn Tage in unserem „Contrat de dépannage" an, so dass ich mutmaße, dass sie noch sieben Tage brauchen werden, bis sie nach uns sehen. Unsere einzige Hoffnung ist, dass die beiden Engländer nach In-Guezzam durchkommen – sie haben einen Brief an die S.A.T.T. von uns dabei; sie sind zwar ein großartiges Paar junger Männer, doch fühle ich, dass irgendetwas gegen sie ist; sie haben nur ein kleines Auto mit kaum Kraft und haben große Schwierigkeiten, sich dem Sand gewachsen zu zeigen – auch ist der Sandsturm so heftig, dass sie nur schwer die Wagenspuren ausmachen können und wohl werden anhalten müssen, bis es wieder aufklart. All dies wusste ich, als sie 9 Meilen vorangekommen waren und wieder hierher zurückkehren mussten, da sie ihre Planken zurückgelassen hatten und meinten, dass das Fahren im Sand grässlich sei, brachen aber dennoch wieder auf. Gestern hatten wir eine weitere große Hoffnung geschöpft, doch hat sich da bis jetzt noch nichts getan und wir fühlen immer mehr, dass daraus wohl auch nichts mehr wird – ein Bus hätte gestern Morgen In-Guezzam verlassen müssen, und wir beschlossen, in ihm zurück nach Tamanrasset zu fahren und hier einfach alles stehen und liegen zu lassen. Wir verstauten einige Kleidungsstücke in unsere Wäschesäcke, setzten uns hin und warteten, und warteten – schließlich gingen wir zu Bett und warten nunmehr wiederum, in der Hoffnung, dass ihn womöglich der gestrige Sturm aufgehalten hat, doch ich bin der argen Befürchtung, dass er gestern um einiges an uns vorbeigefahren ist und uns nicht bemerkt hat oder nicht gesehen hat, dass etwas nicht in Ordnung ist. Vermutlich fahren sie alle vierzehn Tage, doch nach einem Blick auf ihren Zeitplan erkennen wir, dass sie sich das Recht vorbehalten, jede Busfahrt nach Gutdünken auszusetzen. Wir sind zwar genau auf der Piste, doch leider können die Fahrzeuge nicht immer genau der Piste folgen, da sie manchmal dermaßen versandet ist, und sie dementsprechend einen großen Umweg machen und uns gar nicht sehen. Das alles ist ein furchtbarer Schock für uns, und fühlen uns absolut elend. Haben wir wirklich realisiert, was es mit diesem Sand auf sich hat und wie man den Weg abseits wieder aufnimmt, und ich denke, wir sind nicht so verrückt, als dass wir weitermachen würden. Doch leider hatten wir ein derart unverschämtes Glück in den letzten Wochen, dass wir schon dachten, alles würde gut, und wir hätten uns nie träumen lassen, dass der Wagen, zumal er brandneu war, uns derart im Stich ließe; in Bezug auf den Caravan dachten wir schon daran, ihn eventuell zurücklassen zu müssen, doch immer in dem Gefühl, dass auf das Auto Verlass ist. Momentan schaut es so aus, dass wir finanziell und in jeder anderen Hinsicht am Ende sind und unsere einzige Hoffnung ist, dass unser Wasser reicht, bis wir gerettet werden. Wir haben fast jedes nur denkbare Ersatzteil für das Auto mit – fast genug, um noch ein Auto zu bauen, doch niemand hätte an einen Zylinderkopfdefekt gedacht.

Sonntag, 16. Januar

Zuletzt schrieb ich in mein Tagebuch, wir seien voller Hoffnungslosigkeit und Elend, und dächten, dass wir tagelang verlassen in der Wüste bleiben müssten. Doch endlich tauchte der Bus (oder doch eher ein Lastkraftwagen) auf, etwa gegen drei Uhr nachmittags – gerade als wir alle Hoffnung aufgegeben hatten. Wir trauten unseren Augen nicht, stopften einfach nur einige Kleidungsstücke (es stellte sich später heraus: genau die falsche Kleidung!) in zwei schmutzige Leinensäcke und harrten der Ankunft des Busses – diese zwei Tage in der Wüste möglichst ohne Wasser auszukommen, hat sehr an meinen Nerven gezerrt. In Wahrheit kann ich gar nicht beschreiben, wie furchtbar es war und der anhaltende Sandsturm trug auch nicht zur Verbesserung der Lage bei.

Die Rettungsmannschaft

Glücklicherweise fuhr der Lastkraftwagen ganz dicht an uns vorbei, denn oftmals, wenn die Piste versandet ist, verlassen sie die Fahrzeuge und fahren schon mal gut eine Meile neben ihr. Eine der schwierigsten Strecken der gesamten Reise ist dann, wenn die Piste vollkommen von Sand oder einer Sanddüne verdeckt ist und man den Weg selbstständig finden muss, und man überall nur Sandflecken und Dünen um einen herum sieht. Mit einem einzelnen Fahrzeug kann man ja noch wie besessen durchzurauschen versuchen und so vor dem Steckenbleiben noch etwas festen Untergrund erhaschen, doch mit einem Caravan im Schlepp ist das nicht so einfach, und wir hatten da einige üble Erfahrungen gemacht.

Der Lastkraftwagen brachte uns zurück nach Tamanrasset – wir mussten 3 Pfund dafür zahlen; wir mochten es gar nicht, die Ausrüstung zurückzulassen, doch war es unmöglich bei dem geringen Wasservorrat, der uns geblieben war, noch zu bleiben, denn sehr viel war ja in den Kühler geflossen, bevor wir den Zylinderkopfdefekt entdeckten; außerdem könnte es sein, dass es in den nächsten 14 Tagen gar keinen Verkehr mehr auf der Piste gibt; wir hoffen und beten, dass niemand sie beschädigt und auch keine Araber vorbeikommen und plündern. Da der Platz aber etwa 100 Meilen von der nächsten Wasserstelle entfernt liegt, denken wir, halten wir ihn für sicher, sind aber dennoch besorgt, und wenn wir genügend Lebensmittel und Wasser auftreiben können, würden wir zurückgehen und dort so lange zubringen, bis der neue Zylinderkopf ankommt, wovon ein jeder uns sagt, dass das nicht in den nächsten 14 Tagen möglich sein wird. Doch jenseits der Tatsache, dass wir gar nicht genug Wasser mitnehmen könnten, können wir auch keinen Wagen auftreiben, der uns zurückbringt, so bleiben wir also hier, und die S.A.T.T. hat nichts, was entweder den Wagen oder den Caravan herziehen könnte.

Die Fahrt hierher im Lastkraftwagen war beileibe nicht der Gipfel an Komfort und dauerte über sechs Stunden – bei der Ankunft waren wir beide ziemlich benommen, erhielten aber ein gutes Abendessen im S.A.T.T.-Hotel, in dem wir jetzt untergebracht sind. Es ist ein sehr primitiver Ort (wie überhaupt Tamanrasset) und sehr teuer – es kostet uns mehr als ein Pfund den Tag, doch das Essen ist, in Anbetracht der Umstände, außerordentlich gut.

Heute Nachmittag trafen wir den Kommandanten, der uns einen kleinen Lehmanbau an seinem Haus (alle Häuser sind hier aus Lehm gebaut) anbot und uns zu einem Café mitnahm, wo er uns auf einen Kaffee einlud und wo wir entdeckten, dass wir für 8 Shilling am Tag essen könnten, woraufhin wir morgen das Hotel verlassen werden. Es ist wirklich sehr nett von ihm, da unsere Ausgaben wegen des Defektes ziemlich in die Höhe schnellen.

Daddy schickte heute Morgen ein Telegramm nach Algier, doch da es Sonntag ist, fürchte ich, dass vor morgen nichts geschieht.

Die Belgier, deren Hinterachse gebrochen war, sind auch hier und warten ebenfalls darauf, dass ihr Ersatzteil aus Algier ankommt.

Der Lkw, der uns rettete, neben einem verlassenen Auto

Montag, 17. Januar

Wir packten heute Morgen im Hotel zusammen und sind in unsere neue Behausung umgezogen: es ist nur ein Schlafraum, ein Waschraum und eine Veranda; sparsam möbliert (überhaupt gibt es in Tamanrasset nur wenige Möbel, da alles hier per Lastkraftwagen über Hunderte Meilen schlechter Straße hergeschafft werden muss). Wir aßen mittags im Café – nichts, worüber man freudig schreien könnte. Ich vermute, dass Kamelfleisch das einzige Frischfleisch ist, das die Leute hier – außer der S.A.T.T. und dem Militär – kaufen können. Das hatten wir heute, und ich fühlte mich krank danach, doch ich denke mehr von dem Gedanken, Kamelfleisch zu essen, denn es war gar nicht so schlecht, wenn auch etwas zäh.

Es gibt hier absolut gar nichts zu unternehmen: wir sind schon überallhin gegangen und haben keine Bücher zum Lesen; alles im Caravan zurückgelassen, und jetzt wissen wir nichts mit uns anzufangen. Der arme Daddy ist verloren so ohne Arbeit und ich habe nichts zu nähen – wir haben nichts zu tun, außer Briefe schreiben und umhergehen, und das die nächsten vierzehn Tage – fürchte ich.

DECEMBER, 1939

AFRICAN ADVENTURE—*(Continued from page 37)*

As was our usual custom, we left at day-break for Tamanrasset, a military post of some importance nearly 5,000 feet up in the Hoggar Mountains. There are various places of interest in the locality which can be visited by hired camel at a cost of only a few shillings a day, but we were more concerned at this juncture with the notorious 240-mile section between this place and In-Guezzam, where there are long stretches of deep soft sand, and no water obtainable over the whole distance. Here many an adventure had been brought to an end, as several abandoned cars bore witness. We heard of one hardy soul, an Englishman of course, who had endeavoured to drag a substantial caravan trailer through this foot deep sand, but eventually gave up and returned to Algiers. A worthy example of excessive zeal and tenacity of purpose, which I am sure is not fully appreciated except by those who have travelled over those sandy and indescribably corrugated " pistes " !

Den Zeitungsartikel oben haben wir zufälligerweise zwei Jahre nach unserer Durchquerung in einem Magazin gefunden.

Dienstag, 18. Januar

Gestern Abend nahm uns der Cafébesitzer mit zu einem winzigen Haus und stellte uns einer älteren Engländerin vor, die als Missionsschwester hier arbeitet. Wir waren lange bei ihr und redeten, und sie lieh uns einige Bücher – alles ziemlich abgehoben, doch besser als gar nichts.

Heute Nachmittag haben Daddy und einer der Belgier im Schwimmbad ein Bad genommen (ein vom Militär gebautes Schwimmbad) und fand es frostig kalt. Es ist nur wenig Wasser darin, und das, das da ist, schaut grün und nicht gerade einladend aus, ist aber offenbar sauber. Hiernach gingen wir zum Bridge zu den Belgiern – nicht um Geld, sondern zum Spaß – spielten und redeten Französisch. Gerade als es begann dunkel zu werden kam ein Ford Utility, genau wie unserer, vom Norden her – die Besitzer sind ein junges Paar namens Minchell und mit ihnen reisen eine Belgierin und ihr Onkel, Sir Philip Richardson, alle auf dem Weg nach Nairobi.[57] Es machte uns neidisch und krank, diese Leute fröhlich daherfahren zu sehen ohne jegliche Schwierigkeit. Wenn wir doch nur ein Reisemobil statt eines Caravans gebaut hätten!

Mittwoch, 19. Januar

Am frühen Nachmittag kam Sir Philip Richardson zu uns, blieb etwa eine Stunde und lud uns ein, mit ihm am Abend im Hotel zu essen. Insgesamt war es kein schlechter Tag. Wir gingen am Morgen und noch einmal am Abend spazieren und hatten ein nettes, fröhliches Abendessen.

Donnerstag, 20. Januar

Haben endlich eine Antwort auf unser Telegramm bekommen, die sagt, dass der Zylinderkopf hier am 28. ankommen soll. In der Zwischenzeit müssen wir uns hier die Beine in den Bauch stehen, und sonst gibt's hier nichts zu tun. Es gibt keinerlei Geschäft oder Laden, in dem man etwas zum Zeitvertreib kaufen könnte; auch können wir keine Lebensmittel kaufen, und dem Caféessen fehlt zwar einiges, um wirklich gut zu sein, doch vermute ich, dass es schon schwierig für sie ist, überhaupt etwas aufzutreiben; es gibt hier kaum Fleisch, kein Gemüse, kein Obst, und in der Tat gibt's hier nie viel, und unsere Hauptnahrung in diesen Tagen ist Kamelfleisch, Konservendosen und getrocknete Früchte. Butter oder Milch haben wir hier noch nicht gesehen, weder frische noch in Konserven.

Wir erhielten eine Nachricht von Sir P. R., dass Auto und Caravan in Ordnung wären – er schickte die Nachricht dem hiesigen S.A.T.T.-Manager, der nach In-Guezzam musste und die Minchells auf dem Weg traf – wir hatten dem Manager den Caravanschlüssel gegeben und gebeten, uns die Bücher, die er finden könne, mitzubringen, was er freundlicherweise auch erledigt hat, so dass wir nun einiges zum Lesen haben. Wir hatten zwar die Hoffnung gehegt, mit ihm fahren zu können, doch als man uns offenbarte, dass uns das 10 Pfund kosten würde, nahmen wir davon Abstand.

Freitag, 21. Januar

Nichts getan heute, außer lange spazieren gewesen und mit den Belgiern am Abend Bridge gespielt – es ist schwierig, hier die Zeit totzuschlagen.

Samstag, 22. Januar

Erhielten ein Telegramm von Sir P. R. mit der Mitteilung, dass sie mehr als 34 Stunden bis In-Guezzam brauchten – 28 allein auf den letzten hundert Meilen.

Verbrachte den Großteil des Tages mit Briefeschreiben, ging am Abend spazieren.

Sonntag, 23. Januar

Erledigte einige Wäsche und Schreiben am Vormittag und ging nach dem Mittagessen mit zwei Franzosen namens Lorial und Cazelis spazieren. Wir trafen Lorial vorgestern bei einem Ausflug – er arbeitet in einem Observatorium der französischen Regierung hier.[58] Seine Hauptaufgabe ist es, die Temperatur etc. zu messen; ich denke, er ist so etwas wie ein Meteorologe. Er ist ein guter Wanderer und Bergsteiger, und als er erfuhr, dass Daddy auch darauf versessen ist, schlug er vor, einen Berg hier ganz in der Nähe namens L'Adrian zu besteigen.[59] Ich bin nicht sicher, was Cazelis macht – wohl ein Herumtreiber, der die meiste Zeit damit verbringt, auf Kamelen durch die Wüste zu ziehen. Sein Vater ist General und er selbst war einige Jahre in England, doch scheint er jetzt das Leben eines Arabers zu leben und kleidet sich auch wie einer – beide sind sie hübsche Männer und sprechen ziemlich gut Englisch, so dass ich mit ihnen klarkomme. Daddy und Lorial bestiegen den Berg, Cazelis und ich warteten am Bergfuß im Schatten auf sie und diskutierten über alles, von Kohl bis Könige. Als wir zurückkehrten, tranken wir alle Kaffee in unserem Café.

Montag, 24. Januar

Der Bus, der heute Morgen die Post nach Norden mitnehmen sollte, hat eine Panne und fuhr nicht, so dass bis morgen von hier keine Briefe abgehen werden. Wir machten unseren üblichen Abendspaziergang und brachten Miss Wakefields Bücher zurück. Offenbar ist sie keine Missionsschwester, und soweit ich verstanden habe, übersetzt sie die Bibel in Tuareg und lebt währenddessen in der erschreckendsten Armut. Die Franzosen können nicht erkennen, was sie genau hier tut, und ich denke, sie argwöhnen ihr, da sie behaupten, dass es schon einige Tuaregübersetzungen gebe. Und ich kann nicht mehr aus ihr herausbekommen, außer dass sie aus gutem englischen Haus stammt, einen Doktortitel gemacht hat und jetzt so ungewöhnlich lebt.[60]

Dienstag, 25. Januar

Wir unternahmen am Morgen und am Abend einen Spaziergang, tranken Tee mit Lorial und Cazelis in Lorials Quartier am Observatorium. Es ist fürchterlich, wie die Leute hier leben müssen – in elenden, kleinen Lehmhäusern mit Sandböden, die man überhaupt nicht sauber halten kann, und für sie ist es außerordentlich schwierig, annehmbares Essen aufzutreiben, da sie vollkommen von den S.A.T.T.-Bussen abhängig sind und die wiederum nicht sehr viel, außer für sich selbst und für das Militär, mitbringen. Sie haben mit dem Elementarsten in jeder Hinsicht zu tun: ein Bett zum Schlafen, ein stabiler, gerader Stuhl und ein Tisch.

Lorial zeigte uns alles rundherum, was sehr interessant war, und ich bedauerte, nicht alles verstanden zu haben. Sein Hobby ist das Sammeln von Moosen, und er ist ganz aufgeregt darüber, hier zehn winzige Moose (man kann sie kaum sehen!) entdeckt zu haben, von denen niemand zuvor je gehört hatte – und eines davon trägt seinen Namen. Wir verbrachten eine Menge Zeit damit, uns Moose durch ein Mikroskop anzuschauen. Danach brachte er uns zum Hotel, wo wir Portwein tranken – das einzige, was es momentan im Hotel gibt.

Das Auto der Belgier ist nunmehr repariert und sie wollen morgen ganz früh los – sie hatten ein Riesenglück, da ein Freund von ihnen in Algier einen Piloten kennt, der nach In-Guezzam fliegt und ihn dazu brachte, deren Ersatzteil abzusetzen – ich wünschte, wir würden auch so einen netten Piloten kennen –, und ich hoffe sehr, unseres wird am Freitag ankommen, und dass auch wir bald wieder auf unseren Weg kommen.

Mittwoch, 26. Januar

Ein langer Tag war herumzukriegen heute – es blies der Wind und Sand flog über allem; und sehr enttäuschend, da der S.A.T.T.-Manager meinte, dass selbst, wenn der Zylinderkopf am Freitag kommt, wir nicht vor Montag zum Auto kämen, da zur Zeit keine Fahrer da seien, er uns selbst fahren müsste, er aber nicht vor der Busabfahrt am Montag weg dürfe – ausgegangen auf einen Fünfmeilenspaziergang am Nachmittag, der uns ein wenig fröhlicher stimmte.

Donnerstag, 27. Januar

Wieder ein langer Tag – nichts ist passiert, den ganzen Tag lang, und wir unternahmen einen langen Nachmittagsspaziergang.

Freitag, 28. Januar

Ein weiterer langer Tag – der Bus, der heute ankommen sollte, hat einige hundert Meilen von hier eine Panne, so dass wir jetzt nicht wissen, ob das Ersatzteil überhaupt ankommen wird.

Samstag, 29. Januar

Der Bus aus dem Norden ist bis jetzt nicht angekommen, aber man sagte uns, er käme wohl morgen Nacht, doch würde er wohl nicht vor Dienstag abfahren, was bedeutet, dass, selbst wenn das Ersatzteil ankommt, sie es uns nicht vor Dienstag oder Mittwoch zum Caravan bringen könnten. Ein großer Bus kam heute Abend mit neun jungen Belgiern an; sie alle haben ihr Geld zusammengelegt, diesen Bus gekauft und sind auf dem Weg in den Belgisch Kongo, um dort Arbeit zu finden,[61] und ich denke, keiner von ihnen hat Geld, nur so viel, um dorthin zu kommen. Etwas später kamen noch zwei große Autos an, ebenso mit jungen Belgiern, doch sind diese vier jungen Leute reich und touren zusammen.

Heute Abend hatten wir Lorial und Cazelis auf einen Drink ins Hotel eingeladen, bekamen aber nur zwei Flaschen Chablis und waren völlig geschockt, als wir dann 8 Shilling dafür zu zahlen hatten. Nach dem Abendessen nahmen sie uns mit, uns einige Eingeborenentänze anzusehen – es sind zumeist Farbige (aus den Händen der Franzosen von den Tuaregs befreite Sklaven) und der Tanz war der übliche Farbigentanz mit dem monotonen, andauernden Trommelschlag und die Tänzer schlurften geneigt im Staub, sprangen dann und wann ruckartig hoch und gaben gurgelnde Laute von sich. Stunde um Stunde machten sie das so, manchmal auch die ganze Nacht; und sie machen es wohl immer noch, und ich hoffe ernsthaft, dass sie nicht die Absicht haben, diese Nacht durchzumachen.

Sonntag, 30. Januar

Der Bus ist noch nicht angekommen und wir warten immer noch. Die reichen Belgier, die morgen früh nach In-Guezzam aufbrechen, haben angeboten, uns zum Caravan mitzunehmen, was wunderbar ist, denn wenn das Ersatzteil ankommt, hätten wir alles zusammengepackt und könnten das Beste hoffen.

Wir ging heute Nachmittag mit Lorial spazieren, gingen danach mit Cazelis, mit dem wir auch zu Abend aßen. Wir aßen arabisch – alle auf dem Boden auf Kissen sitzend und aßen ein berühmtes arabisches Gericht namens Couscous und dazu grünen Pfefferminztee; danach gingen wir alle zum Hotel und vertrieben uns die Zeit, in der Hoffnung, der Bus würde doch noch kommen, doch als er nicht kam, kehrten wir um und gingen zu Bett.

Montag, 31. Januar

Wir erlebten unsere bitterste Enttäuschung. Der Bus ist etwa um Mitternacht letzte Nacht angekommen, und wir sind sehr früh aufgestanden, waren bereit, um mit den Belgiern aufzubrechen, als man uns mitteilte, dass der Zylinderkopf nicht angekommen sei. Wir fühlten uns ziemlich mies ob dieser Enttäuschung. Wir haben dem R.A.C.-Repräsentanten in Algier ein Telegramm geschickt, sonst aber können wir nichts ausrichten. Es wird furchtbar, wenn er nicht mit dem nächsten Bus gegen Ende der Woche kommt, da uns das Leben hier verzweifeln lässt.

Februar

Dienstag, 1. Februar

Fühlen uns ein wenig besser heute – erhielten ein Telegramm vom R.A.C.-Repräsentanten, dass das Ersatzteil den Bus von letzter Woche verpasst hätte und Freitag ankommen müsste, wenn der Himmel es zulässt – sehr schlechte Arbeit ihrerseits, nicht in der Lage, die Dinge mit mehr Verstand anzugehen.

Heute Nachmittag waren wir zum Tee bei Lorial und alles zusammen ist der Tag doch recht angenehm vergangen.

Mittwoch, 2. Februar

Ein weiterer Ford Utility kam heute Nachmittag an, und wir trafen die Leute: ein General Piggott[62] und bei ihm waren ein junges Mädchen und ein Mann (Bruder und Schwester), deren Eltern eine Farm in Kenia haben und gute Freunde des Generals Piggott sind. Er ist auf dem Weg, sie zu besuchen und nimmt die jungen Leute, die in England studieren, mit. Er lud uns ein, mit ihnen zu Abend zu essen, was wir auch taten und sehr genossen, und er meinte, dass er, hätte er es nur gewusst, leicht den Zylinderkopf für uns hätte mitbringen können. Morgen früh werden sie sehr zeitig aufbrechen.

Wir sahen in der „*The Times*" vom 7., die uns Miss Wakefield lieh, dass Tim seine Beförderung zum Commander erhielt und freuen uns darüber.

Donnerstag, 3. Februar

Wir waren auf einem ewiglangen Spaziergang heute Nachmittag und aßen mit Lorial und Cazelis im Café zu Abend (wenn man das Abendessen nennen kann!). Sie waren beide so nett zu uns, dass wir das Gefühl hatten, etwas für sie tun zu müssen.

Der Bus von Norden soll morgen kommen – wenn er nicht wieder mit Panne liegen bleibt. Wir können unsere Herzen kaum mehr in Geduld fassen, und es wäre einfach nur fürchterlich, wenn der Zylinderkopf auch diese

Woche nicht ankäme; und wenn wir hier nur unsere Briefe bekommen könnten, ständen die Dinge nicht so schlecht, doch ist das unmöglich, und abseits jeder ernsthaften Betrachtung.

Freitag, 4. Februar

Kein Bus ist bis jetzt angekommen, doch erhielten wir eine Antwort auf ein Telegramm nach In Salah, das nachfragte, ob der Zylinderkopf auf dem Weg sei, und sie antworteten, dass da nichts sei für Harrison. Das ist ein fürchterlicher Schock für uns, da wir ziemlich sicher waren, dass er die Woche ankäme. Doch der S.A.T.T.-Manager hier vor Ort ist ziemlich gewiss, dass er kommen wird, und dass In Salah unrecht hat. Wir bemühen uns um das Gefühl, er habe Recht, doch ist das schwierig und wir sind beide erneut in die Tiefen des Elends eingetaucht.

Daddy ist vor fünf Uhr heute früh aufgestanden und ist mit Lorial zu einem riesigen Berg aufgebrochen, etwa 12 Meilen von hier, dem Adrar Haggereue, den sie dann bestiegen. Lorial musste Temperaturmessungen vornehmen, Barometer ablesen und solche Dinge auf dem Gipfel tun; sie waren gegen ein Uhr zurück.

Wir schickten ein Telegramm zu einem arabischen Händler in Ghardaïa, der sehr nett und uns dabei behilflich war, unsere Grillards so schnell wie möglich zu bekommen, und baten ihn bei der S.A.T.T. dort nachzusehen, was denn nun mit unserem Ersatzteil geschehen ist.

Samstag, 5. Februar

Noch immer ist der Bus nicht angekommen, wird aber irgendwann in der Nacht erwartet (diese Busse scheinen ihre Zeit mit Pannen zuzubringen). Doch leider haben wir kein Interesse mehr an ihm, denn wir erhielten ein Telegramm von Bonkamel, dem arabischen Händler, dass unser Ersatzteil erst am 3. von Ghardaïa in einem Lastkraftwagen namens Krokodil (alle S.A.T.T.-Busse und Lastkraftwagen haben Namen) abging – vier Tage nach der Abfahrt des Busses; und niemand weiß, ob dieser Lastkraftwagen über Tamanrasset fährt oder das Teil nur in El Golëa oder In Salah ablädt, was uns dann überhaupt nicht weiterhilft. Wir schickten erneut Telegramme in alle Richtungen, doch leider bedeutete das auch, dass er nicht vor Ende nächster Woche ankommt, wenn überhaupt – man warnte uns vor der Unfähigkeit der S.A.T.T., doch hätte ich kaum glauben können, dass sie so groß ist, und wir sind ziemlich hektisch und fühlen uns gefangen wie die Spinne im Netz und haben keine Kraft, etwas dagegen zu unternehmen. Miss Wakefield erhielt mit dem letzten Bus ein Kleid, von dem sie sagt, es wäre letztes Jahr aus England abgeschickt worden! Als ich das hörte, versetzte mich das sogleich in große Panik und ich fühle, dass wir den Zylinderkopf wohl nie bekommen werden und hier für alle Zeit festsitzen. Wir müssen es also wohl noch etwas länger aushalten, denn wir können uns in Wahrheit den Verlust von Auto und Caravan nicht leisten, und manchmal ahnen wir, dass es genau das ist, was man uns antun will: dann bekommen sie die gesamte Ausrüstung! Es gibt ein englisches Auto hier, dass vor einiger Zeit verlassen wurde; sie haben es repariert; es fährt schon seit Monaten, und sie sagen, es sei das beste Auto in Tamanrasset. Ein anderer Grund könnte sein, dass sie die Leute in ihren Hotels so lange als möglich festhalten wollen, bis deren Geld in ihren Taschen ist. Wir können uns nicht helfen und glauben, dass es etwas von allem ist, denn wenn sie nicht so schusselig gewesen wären, hätten wir das Paket am 28. Januar haben müssen.

Jetzt vermissen wir den Bus nach Kano, mit dem wir nur 3 oder 4 Pfund zu zahlen hätten, um zum Caravan zu kommen – wenn der Bus aus dem Norden aber gegen Ende nächster Woche ankommt, werden wir wohl ein Spezialfahrzeug nehmen müssen, und das kostet mindestens 10 Pfund.

Wir haben versucht, uns unsere Trägheit durch Wandern abzulaufen und sind gerade eben zurück – wir spazierten etwa 5 Meilen, doch ich fühle mich, als ob es 20 gewesen wären. Das Leben fühlt sich gerade zu elend und hoffnungslos an, als dass man es beschreiben könnte; diese ewige Warterei und dieses Nichtstun macht uns beide ziemlich fertig – die Franzosen hier nennen das „cafard".[63]

Sonntag, 6. Februar

Heute fühlen wir uns prächtig und voller Hoffnung, da wir heute Morgen das Gerücht hörten, dass das „Krokodil" am Abend ankäme, und als dann ein Lastkraftwagen endlich ankam, stürzten wir hin, mussten aber erkennen, dass es die „Viper" war, die nichts für uns geladen hatte. Jetzt weiß niemand, ob das „Krokodil" überhaupt hierher kommt, und der S.A.T.T.-Manager meint, er mache sich keine Sorgen, denn er glaube in der Tat, dass das Ersatzteil mit dem Freitagsbus kommen müsse.

Heute Abend sind Lorial und Daddy zu einem langen Spaziergang nach dem Mittagessen aufgebrochen, um Eier in den winzigen Eingeborenendörfern in der Nähe aufzutreiben, denn wir hielten es für eine gute Idee, einige mit zum Caravan zu nehmen, wenn wir es denn irgendwie schaffen sollten, dorthin zu kommen. Ich blieb hier, wusch meine Haare, und als sie zurückkamen, gingen wir zum Tee zu Lorial – Cazelis war auch da und noch ein Franzose, der im Observatorium arbeitet.

Montag, 7. Februar

Hatte einen langen und ziemlich ereignislosen Tag heute, da es keinen Anlass zur Hoffnung gibt, dass der Zylinderkopf doch noch vor Freitag ankommt – wenn überhaupt! Wir schickten ein Telegramm an den R.A.C.-Repräsentanten in Algier, um ihn zu bitten, den Leiter der S.A.T.T. in Algier aufzusuchen und ihn zu bitten, etwas zu unternehmen, doch fühlen wir, dass es wohl hoffnungslos sein wird.

Ausgegangen auf einen furchtbar langen Spaziergang heute Nachmittag und müde zurückgekehrt, so dass Hoffnung auf einen tiefen Schlaf in dieser Nacht besteht. All diese Sorgen lassen uns beide nur schlecht schlafen.

Dienstag, 8. Februar

Erhielten zwei Telegramme heute: Eines aus El Goléa, dass der Zylinderkopf Freitag ankommen wird, und das andere vom R.A.C.-Repräsentanten, dass der Zylinderkopf

Ghardaïa erst am 6. verlassen hat und am Freitag hier sein sollte, so dass wir nur hoffen können, dass das stimmt, und wir werden es erst wirklich wissen, wenn der Bus das nächste Mal ankommt. Wir haben keine Idee, warum sie Bonkamel sagten, das Teil sei schon am 3. abgegangen.

Beide Busse, die gestern abfuhren – einer nach Norden, der andere nach Süden – hatten eine Panne und alle Reisenden mussten die Nacht auf der Piste verbringen. Die S.A.T.T. mit all ihren kaputten Bussen und Lastkraftwagen sollte wahrhaftig von der Straße verschwinden! Und ich kann mir nicht vorstellen, wie das Militär, mit dem die S.A.T.T. einen Vertrag hat, sich diese Art, Geschäfte zu erledigen, gefallen lässt.

Ganz Tamanrasset hat in den letzten zwei Tagen ziemlich gut gelebt, da eine Tuaregkarawane vorbeikam und dreißig ihrer Schafe hier verkaufte, so dass auch wir eine Weile das Kamelfleischessen sein lassen konnten.

Mittwoch, 9. Februar

Nicht viel zu schreiben vom heutigen Tag – es war der übliche lange Tag und um eins verschwand die Sonne hinter dicken Wolken, was ärgerlich war. Das Einzige, das wir geschätzt hatten, ist der Sonnenschein – es ist wundervoll und nie allzu heiß, denn Tamanrasset liegt so hoch (4.480 Fuß), dass stets ein angenehmes Klima herrscht. Und ich glaube, es ist einer der gesündesten Orte auf der Welt – es fühlt sich zumindest gesund an. Ich weiß nicht, ob diese dicken Wolken bedeuten, dass irgendwo ein Sandsturm tobt oder ob Regen kommt. Offenbar war es 1932 das letzte Mal, dass es hier geregnet hat, sechs Jahre her, und da alle Häuser aus Lehmziegeln erbaut sind, meint Lorial, dass man bei Regen überall ein Plop-Plop-Plop höre und die Häuser auseinander fallen und nach dem Regen wieder aufgebaut werden müssen.

Wir unternahmen unseren üblichen Nachmittagsspaziergang und sahen Scharen von Schwalben – dies ist einer der Orte, an den sie während des europäischen Winters kommen, doch das Außergewöhnliche war, dass ihr Gefieder etwas staubig aussah, wie der Sand, doch sagte man mir, es seien dieselben Vögel wie bei uns in England, und öfters fragte ich mich, ob auch welche von unseren „Little Powisland"-Vögeln[64] dabei sind.

Wir haben nun endlich entschieden, dass wir nach Norden zurückgehen müssen, falls der Zylinderkopf hier ankommt und falls wir das Auto in Bewegung setzen können, ansonsten hätten wir unsere letzte Chance, durch Zentralafrika vor der Regenzeit zu kommen, vertan. Wir sind nicht sicher, wie wir denn überhaupt Kapstadt erreichen, doch wir müssen noch warten, bevor wir wieder in die Zivilisation zurückkehren und bevor wir irgendetwas in Erfahrung bringen und neue Pläne machen können. Doch meinen wir, trotz allem die Sahara durchfahren zu haben, bis auf etwa 120 Meilen, so dass wir, wenn wir es schaffen, wieder nordwärts zu fahren, sie zweimal durchquert hätten – dies genügte uns vorerst, um uns etwas zu trösten, denn wir sind die ersten, die es mit einem Wohnanhänger so weit geschafft haben.

Donnerstag, 10. Februar

Wir kommen gerade von einem Drink beim Kommandanten zurück. Er hat ein wunderbares Funkgerät und richtete es um 6 Uhr auf London, so dass wir die englischen Nachrichten hören konnten; wir hörten Big Ben und die Stimme des Sprechers war klar wie eine Glocke – deutlicher als ich sie je in Devonshire hörte.[65] Leider waren die Nachrichten nicht sehr spannend – es waren nicht die gewöhnlichen Nachrichten, sondern die, die man „Empire News Broadcast" nennt, und meist von Kanada, Neuseeland und Australien handelten, was uns nicht sonderlich interessierte.[66] Lustig war nur, dass ein bedeutender englischer Schauspieler (ich verstand seinen Namen nicht, da wir auf halblaut gestellt hatten) die letzten Szenen des Stückes über Napoleon auf der Insel St. Helena und seinen Tod ebendort gab. Soweit es uns anbelangt, war es nicht gerade das Taktvollste, was passieren konnte, doch glücklicherweise gab es niemanden im Raum, der Englisch sprechen oder verstehen konnte.

Wir hatten trotz allem gestern keinen Sandsturm, auch keinen Regen, und es war schön und sonnig heute, wofür wir sehr dankbar sind.

Freitag, 11. Februar

Unser Ersatzteil ist endlich da! Wir konnten es kaum glauben, als wir es sahen und wir beide fühlten uns wie von Hummeln gestochen deswegen, doch der einzige Haken ist, dass sie uns nicht vor Montag zum Caravan bringen können, da es keine Ersatzfahrer gibt und der Manager üblicherweise nicht fort darf, bevor der Bus am Montag abgefahren ist, doch hat er uns versprochen, uns, sobald er kann, hinzubringen – wir hoffen, um 5 Uhr früh hier aufbrechen zu können.

Die Eingeborenen hielten heute einen tollen Feiertag ab – es ist das Fest von Ait El Kebir,[67] der, glaube ich, zu ihren größeren Propheten zählt; sie sind alle sehr vornehm in saubere und neue Kleider gewandet und die Frauen tragen all ihren Schmuck – wahre Mengen aller Sorten fremdartiger Ornamente hängen um ihre Hälse und an ihren Rücken herab, und sie tragen Dutzende Röcke. Die Männer hatten sich schon in aller Frühe versammelt und etwa eine Stunde lang Gebete abgehalten und kaum nach dem Mittagessen begannen sie mit dem endlosen Tam-Tam und ihren Tänzen, und obschon es jetzt halb neun ist, ist es immer noch im Gange – und ich hoffe ernstlich, dass sie nicht vorhaben, die Nacht durchzufeiern. Ich glaube, nur wenige Araber, wenn überhaupt einer, hat an den Tänzen teilgenommen – nur die Farbigen.

Farbige in Tamanrasset

Man sieht hier überhaupt keine arabischen Frauen, so dass ich begreife, dass sie getrennt leben, aber nie in die Öffentlichkeit gehen – was für ein Leben!

Samstag, 12. Februar

Wir machten einen langen Spaziergang am Nachmittag und fragten bei allen Eingeborenenhäusern rund um Tamanrasset nach, um Eier zu bekommen. Wir schafften es, am Ende 16 zu bekommen, was schon sehr ordentlich ist. Es war recht amüsant und wir verbrachten damit mehrere Stunden. Es gibt keine weiteren interessanten Neuigkeiten heute.

Die Farbigen sind schon wieder bei ihrem Tam-Tam und tanzen – es ist schon verblüffend, wie diese monotone Musik sie für Stunden in Trance versetzt. Letzte Nacht hörten sie etwa gegen neun Uhr auf, und ich hoffe, sie machen auch heute früh Schluss.

Sonntag, 13. Februar

Unser letzter Tag in Tamanrasset. Hoffen wir. Wir hatten eine Abschiedsteeparty bei Lorial heute Nachmittag, sind herumgegangen, den Offizieren, die wir kennen gelernt haben, und dem Kommandanten „Auf Wiedersehen" zu sagen und ihnen zu danken für all ihre Freundlichkeit während unseres Aufenthaltes. Außerdem haben wir alles zusammengepackt und eine Generalreinigung unserer Kleidung als Vorbereitung für unseren morgigen frühen Aufbruch gemacht.

Montag & Dienstag, 14. & 15. Februar

Ich schrieb letzte Nacht nichts, da ich so furchtbar müde war: Wir haben Tamanrasset sehr früh am Morgen verlassen in dem klapprigsten, ältesten Renault, den Du je gesehen hast. Eines dieser üblichen S.A.T.T.-Autos mit einem äußerst reizbaren französischen Fahrer (der Manager konnte nicht weg) und einem extrem dummen Farbigen.

Wir fuhren etwa 50 Meilen und mussten dann etwa eine Stunde halten, da der alte Wagen so heftig kochte; wir ihnen etwas von unserem Wasser geben mussten, was uns überhaupt nicht passte, aber eine andere Möglichkeit gab es nicht. Wir waren im Zweifel, ob wir nach Tamanrasset umkehren sollten, doch schließlich entschieden wir weiterzufahren, in der Hoffnung, zu unserem Auto zu kommen, bevor der Renault völlig auseinander fällt. Hiernach fluchte der Fahrer nur noch – über Dellen und Löcher und über alles, und niemand von uns hätte je gedacht, dass wir den Caravan erreichen würden, doch es gelang.

Das arme alte Auto und der Caravan waren ziemlich vom Sand verdeckt und es brauchte Stunden, bis wir eine Ordnung geschaffen hatten, um arbeiten zu können, und einmal zweifelte ich daran, ob er wieder fahren würde, doch glücklicherweise ging er und wir fuhren zurück auf die Straße hierher vor Einbruch der Dunkelheit und fuhren dann heute Morgen zurück. Auch der alte Renault schaffte es, zurückzukehren.

Wir sind nun zwei Meilen außerhalb Tamanrassets und haben einen ziemlichen Generalputz von Auto und Caravan gemacht, bevor es weitergeht.

Mittwoch & Donnerstag, 16. & 17. Februar

Gestern verbrachten wir den ganzen Tag oder etwa bis 4 Uhr damit, Caravan und Auto zu säubern und reisefertig zu machen, dann eilten wir noch durch Tamanrasset, sagten einigen „Auf Wiedersehen" und brachen nach Arak auf, schafften aber nur etwa 30 Meilen, bevor es dunkel wurde. Der Motor des Autos macht ein ziemlich beunruhigendes, knallendes Geräusch – wir wissen nicht, ob es das dicke Ende ist oder ein Zylinderschaden, doch mehrere Mechaniker meinten, es sei dies oder das, aber nichts allzu Schlimmes, so dass wir ernstlich hoffen, sie behalten Recht und dass wir, wenn wir es je schaffen, Algier erreichen.

Sehr früh abgefahren heute Morgen waren wir nur etwa 30 Meilen weit gekommen, als wir auf ein schreckliches Schlagloch mitten in der Straße trafen, weswegen sich die Anhängerkupplung ziemlich verbog. Sie stellte sich mehr und mehr schräg – und Daddy brauchte eine Stunde, um nachzuschauen, ob ein Schaden entstanden war, konnte aber nichts entdecken und baute sie wieder an.

Wir brachen erneut auf, doch zu unserem Entsetzen brach die Anhängerkupplung am Wagen nach weiteren 50 Meilen komplett ab und der Caravan ging krachend zu Boden, mit der Deichsel im Sand – Gott sei Dank weicher Sand und auf einem flachen Straßenstück. Es war furchtbar, und ich war nun ganz und gar davon überzeugt, den Punkt erreicht zu haben, an dem wir ihn zurücklassen müssen, doch Daddy war sich sicher, etwas unternehmen zu können und nach fünf Stunden des ständigen Bohrens und Feilens, wobei jeder von uns Hand anlegte, montierte er eine großartig aussehende Befestigung, doch nachdem wir angekuppelt und weitere fünf Meilen geschafft hatten, sah sie schrecklich verbogen und schief aus; so hielten wir für die Nacht, und er beabsichtigt am Morgen mit den Arbeiten fortzufahren und es so hinzubekommen, dass wir es bis Arak, etwa 145 Meilen weiter, schaffen; so weiß ich nicht, ob wir es je schaffen werden, und wir sind auch nicht sicher, ob es in Arak irgendeine Werkstatt gibt. Ich fühle mich sehr traurig heute Nacht und habe dieses altbekannte unwohle Gefühl, dass wir nie mehr aus der Sahara wegkommen – auch der Lärm aus dem Motor wurde deutlicher und alles zusammen scheinen die Dinge sehr arg zu stehen.

Freitag, 18. Februar

Wir sind zurück in Tamanrasset! Ich hätte nie gedacht, diesen elenden Ort je wieder zu sehen. Wir sind sehr früh heute Morgen aufgestanden und humpelten nach In Ekker[68] mit etwa 3 Meilen die Stunde. In Ekker ist ein alter Bordj, der von der S.A.T.T. übernommen wurde und einen einheimischen Verwalter hat – man kann zwar keine Lebensmittel kaufen, doch Betten und Geschirr stehen zur Verfügung. Als wir dort ankamen, fanden wir zwei weitere Autos mit Problemen vor: der eine hatte Probleme mit dem Benzintank und der andere hatte die Kupplungsfeder gerissen. Die Leute mit der Kupplungsfeder waren der kommandierende Oberst des marokkanischen Gebietes mit seiner Frau. Da wir in In Ekker keine Möglichkeit vorfanden, die Anhängerkupplung zu schmieden, entschieden wir uns, nach Tamanrasset umzukehren und es dort zu machen und den Caravan in In Ekker zu lassen.

Als der Oberst davon hörte, dass wir nach Tamanrasset wollten, fragte er, ob wir sie mitnehmen könnten; so räumten wir das ganze Auto aus, verstauten ihr Getriebe und brachen um 11 auf. In der Zwischenzeit war der andere Wagen schon vor uns aufgebrochen, so dass sie mit uns im Rücken behütet waren. Wir würden sie gegebenenfalls auffangen und mussten uns den ganzen Weg hinter ihnen halten, für den Fall, dass sie ihr Benzinproblem erneut stoppt. Doch kamen wir alle sicher etwa um 5 Uhr an. Zum Glück konnte der S.A.T.T.-Manager unsere Arbeit sogleich aufnehmen und so hoffen wir, mit Glück morgen wieder in In Ekker zu sein. Wir sind heute Nacht im Hotel und hatten eben ein nettes Abendessen. Oberst Marin musste wegen seiner neuen Feder nach Algier telegraphieren, doch glaube ich, dass er nicht allzu große Schwierigkeiten haben wird, sie hier herunter zu bekommen – wahrscheinlich wird sie ein Militärflugzeug herbringen. Gott sei Dank hat dieser schreckliche, klopfende Lärm im Auto aufgehört – für den Moment.

Samstag, 19. Februar

Es scheint ziemlich unglaublich, doch wir sind wirklich zurück in In Ekker, und Peter ist gerade sehr beschäftigt damit, das Auto wieder zu beladen, und wir hoffen, morgen nach Arak im anbrechenden Tageslicht starten zu können. Wir hatten eine herrliche Fahrt hierher – das Auto schien wunderbar zu rollen; es ist ein herrliches Fahren ohne den Caravan im Schlepp und man glaubt die Meilen nur so zu fressen. Wir schafften es, etwas Brot vom S.A.T.T.-Hotel zu bekommen, mussten aber 3 Shilling für drei ziemlich alte Laibe zahlen. Doch waren die schon besser als die, die wir von ihnen bekamen, als wir In-Guezzam verließen – damals zahlten wir 5 Shilling für drei völlig verbrannte alte Laibe.

Auf halbem Weg trafen wir zwei Armeelastwagen mit einem jungen Leutnant als Befehlshaber, und der war so nett und lud uns auf eine Erfrischung bei ihm ein, worüber wir höchst entzückt waren – wir saßen auf einem Kissen im Schatten einer Art Tamariskenbaum in einem Wadi und tranken Anislikör.

Sonntag, 20. Februar

Irgendwie und nach alledem haben wir es geschafft, in Arak anzukommen. Aufgebrochen heute früh um 5.30 Uhr, doch nach nur 6 Meilen brach die Bremse am Caravan und der arme Daddy musste darunterkriechen und zwei Stunden daran arbeiten, bevor wir weiterkonnten, dann fuhren wir so schnell wir wir's uns getrauten, hielten hier und da und überprüften Anhängerkupplung, Bremsen etc. Nahmen uns nur 20 Minuten, um etwas Brot und Aufstrich und Schokolade herunterzuschlucken, und dann ging's weiter – doch drei Meilen später waren wir vom Sand gefangen und hatten eine Stunde damit zu tun hinauszukommen. Als wir etwa noch 6 Meilen vom Bordj von Arak entfernt waren, hörten wir ein seltsames Geräusch, so dass Daddy ausstieg, um nachzusehen, was es sei, und ein weiterer unangenehmer Schock erwartete uns: einer der Hauptbolzen unserer neuen Anhängerkupplung war herausgefallen und das ganze Ding hielt an nur noch einem Bolzen – Daddy befestigte einen provisorischen Bolzen, der nicht das richtige Maß hatte; und ganz langsam zogen wir ihn auf flachsten Grund nahe der Piste und kamen nur mit dem Auto zum Bordj, von wo ich jetzt schreibe. Wir hatten gehofft, hier zu Abend essen zu können, fanden aber des Managers Frau krank im Bett und, da sie nichts weiter hatten als Konservendosen, dachten wir uns, es wäre besser, zum Caravan zurückzukehren und unsere Vorräte dort zu essen. Daddy müht sich mit der Anhängerkupplung ab – es gibt keinerlei Werkstatt hier und er hat mit den seltsamsten Bolzen hier zu schaffen, versichert mir aber, dass es ihm gelingen wird – und ich hoffe ernstlich darauf, denn ich beginne, einen gewaltigen Hass auf den Caravan zu entwickeln.

Montag, 21. Februar

Wir verließen Arak bei Tagesanbruch in der Hoffnung, durch die schlimme Sanddüne im Arakwadi zu kommen, bevor die Sonne aufgeht, doch unglücklicherweise fuhren wir in den Sand, bevor wir dort ankamen und in der Zeit, die wir brauchten, bekamen wir unser Mittagessen gut gewärmt, und auf wunderbare Weise schafften wir es ohne größere Schwierigkeiten.

Während ich die Reifen aufpumpte – wir lassen sie immer etwas ab im Sand –, nahm Daddy die Anhängerkupplung erneut in Angriff, denn sie neigte sich immer mehr, so dass er sie wieder hochbog und Gott sei Dank hielt sie die Spannung ziemlich gut aus. Wir sind dann den ganzen Tag langsam dahergezockelt und campen nun etwa 50 Meilen von In Salah entfernt; wir hatten zwar gehofft, den Beginn der Sanddünen heute Abend zu erreichen, haben uns aber dazu entschlossen, morgen besonders früh aufzustehen und bei Tagesanbruch dort zu sein.

Zwei junge Männer in einem Overland[69] kamen kurz nach unserem Halt vorbei und haben sich entschlossen, neben uns zu campen – sie brachten ihr Abendessen in den Caravan, gaben es dem unseren bei und so hatten wir eine nette Gesellschaft. Sie heißen Cameron und Field und sind auf dem Weg von Nigeria, um ihren Urlaub in England zu verbringen.

Wir steckten ziemlich übel im Sand fest, kurz bevor wir hier ankamen, sind aber beide so erfahren darin, uns selbst herauszuziehen, dass wir uns kaum darüber ärgerten – es ist zwar ein wenig ermüdend, und es wird nunmehr sehr heiß tagsüber.

Dienstag, 22. Februar

Es scheint zu gut, um wirklich wahr zu sein, aber wir kamen durch bis nach In Salah, ohne wieder im Sand stecken zu bleiben heute Morgen, was wir immer noch nicht glauben können. Wir sind um 2.30 Uhr aufgestanden und erreichten die ersten Sanddünen gerade als die Sonne aufging, nahmen sie an ihrer festesten Stelle in Angriff und es war einfach nur eine wundervolle Streck,e wie wir durch die schlimmsten Stellen rauschten. Diesmal war es gar nicht so schlimm, wie wir es das letzte Mal vorfanden – es hat hier kürzlich mehrere Sandstürme gegeben und die Sanddünen wurden in alle Richtungen bewegt – eine ganze Reihe von ihnen dahin, wo wir letzten Abend festsaßen, und die waren das letzte Mal, als wir durchfuhren nicht dort – wir hatten 25 Meilen Sand zu bewältigen, bevor wir hier um 19.30 Uhr ankamen. Wir haben gerade im S.A.T.T.-Hotel hier zu Abend gegessen und da es recht warm ist, sitze ich draußen im Schatten des Caravan, schreibe diesen Brief und bin von neun Arabern umgeben, die hier kauern und mir beim Schreiben zuschauen; sie sind jeden Alters, alte Männer, Jünglinge und auch Kinder.

S.A.T.T. Hotel in El Golea

Daddy suchte kurz nach unserer Ankunft den Kommandanten auf, der uns freundlicherweise erlaubte, den Militärschmied zu beauftragen, uns eine neue Anhängerkupplung für den Wagen zu machen – das wird wohl einige Zeit dauern, doch wir glauben, dass es klüger ist, etwas zu haben, auf das man vertrauen kann, denn es sind etwa 300 Meilen bis El Golëa und nirgendwo auf dem Weg könnten wir etwas machen. Falls sie heute Abend fertig sein sollte, könnten wir wohl morgen wieder aufbrechen – wir haben etwa 8 Meilen übler Sandstrecke direkt vor uns, doch danach sollten wir auf nichts mehr stoßen, worüber wir uns Sorgen machen müssten. Cameron und Field kamen auch heute Morgen an und wir aßen gemeinsam zu Mittag – wir ließen sie heute Morgen schlafend inmitten der Piste zurück.

Es ist wunderbar, wieder völlig unabhängig zu sein und fahren zu können, wann und wohin es uns gefällt.

Mittwoch, 23., Donnerstag, 24, Freitag 25. & Samstag, 26. [Februar]

Ich habe all diese Tage nicht geschrieben, da wir nichts anderes gemacht haben als zu fahren – auf und davon, sobald das Licht da war und durch bis in die Dunkelheit; manchmal sind wir mit Licht gefahren, wenn wir wussten, dass da kein Sand war – ein Vorteil, schon zuvor auf dieser Strecke gereist zu sein, ist, dass man weiß, wo man sicher bis in die Dunkelheit fahren kann.

El Golea

Wunder gibt es immer wieder! Wir sind derzeit von In Salah abgefahren, ohne stecken zu bleiben; wir fuhren am Abend des 22. ab und campten am Beginn der üblen Sandzone, standen wieder sehr früh auf und nahmen den Sand, als er kalt und hart, war in Angriff. Wir hatten eine schnelle Fahrt bis El Golëa, doch eine schrecklich schmutzige und staubige über dieses scheußliche Tademaït-Plateau. Angekommen in El Golëa am Donnerstag, dem 24., blieben wir gerade lange genug, um den Kommandanten aufzusuchen, Wasser und Benzin nachzufüllen und etwas einzukaufen. Mit dem Sand zwischen El Golëa und Ghardaïa verhielt es sich nicht ganz so glücklich; es ist jetzt viel mehr da als auf unserem Weg nach Süden. Übel steckten wir in einem Wadi namens Tonil fest und auch unser alter Freund Seb Seb versetzte uns wieder einen Schlag.[70] Es ist zehnmal schlimmer als zuvor und ein arabischer Straßenbautrupp war damit beschäftigt, einen etwas erhöhten Damm auf der alten Straße zu bauen und die Fahrzeuge mussten den bestmöglichen Weg entlang der Piste oder wo immer sie meinten nehmen; als ich es erstmals sah, dachte ich schon, wir würden den alten Caravan da niemals durchbekommen oder dass wir auf jeden Fall die frühen Morgenstunden abwarten müssten, doch waren wir derart begierig, nach Ghardaïa zu kommen, dass wir's versuchten, und zu unserer Überraschung blieben wir nur einmal stecken. Danach hatten wir keine Schwierigkeiten mehr und jetzt haben wir Gott sei Dank keinen Sand mehr, mit dem wir uns abgeben müssten.

Sobald wir ankamen, eilten wir zum Postbüro und erhielten dort endlich einige Neuigkeiten von euch allen: ein Brief von Dir vom 30. Januar, einen von Oma vom 5. Februar und einen von Opa vom 28. Januar – des Weiteren zwei Sunday Times und weitere Briefe. Es war wunderbar, über alles zu hören und zu wissen, dass Du seit Anfang des Monats wieder auf den Beinen bist. Ich hoffe, wir bekommen einen großen Stapel in Blida, da die ganze Post, die nach Kano gegangen ist, uns dort erreichen sollte. Wir schickten Oma ein Telegramm, um uns nach Dir zu erkundigen und hoffen, in Blida Antwort zu bekommen.

Wir verließen Ghardaïa, nachdem wir alles Notwendige erledigt hatten, nach Einbruch der Dunkelheit und kamen noch etwa 5 Meilen weit. Heute mussten wir etwas abseits der Straße fahren, aber wir haben beide hart gearbeitet; ich habe versucht, etwas vom Wüstenstaub und Tademaïtstaub aus dem Caravan herauszubekommen und Daddy hat ihn repariert und ausgebessert – das arme alte Ding bekommt langsam diese Straßen zu spüren und musste fünf Wochen in gleißender Sonne stehen und auch der Sand aus der Nähe von In-Guezzam hat ihm nicht gerade gut getan. Es ist derart trocken hier, dass jedes Holz und Papier hier so spröde wird, dass es knackt und knistert. Wir hatten zwar gehofft, morgen bis Laghouat zu kommen, doch Daddy fand, dass es mehr zu tun gibt als gedacht und so bleiben wir für einen weiteren und vielleicht noch einen halben Tag.

Bei El Golea

Der Tademaïtstaub ist der schlimmste der Welt! Er ist so unendlich fein, haftet an allem und kommt überall hin, doch hab' ich's geschafft, glaub' ich jedenfalls, den Großteil loszuwerden.

Sonntag, 27. Februar

Nichts weiter zu berichten heute; wir verließen unseren letzten Halteplatz um 5 Uhr, machten gut eine Stunde Fahrt und werden morgen früh um 3 Uhr aufstehen und nach Laghouat aufbrechen. Ich werde diesen Brief dort als Luftpost aufgeben, so dass Du in ein oder zwei Tagen wissen wirst, dass es uns gut geht und wir nordwärts fahren – jedenfalls wenn auf der Strecke nichts schief läuft.

Als ich heute Morgen den Caravan ausfegte, kamen zwei alte Araberfrauen vorbei und bettelten: Ich gab ihnen etwas Brot heraus und war sehr bestürzt über die Art, wie sie es packten, dann kämpften sie wie die Tiere, um einen möglichst großen Brocken zu bekommen; kurz darauf kam ein Araber, ebenfalls bettelnd, dem wir etwas Mehl gaben, doch wusste er nicht, was das war, zog aber dennoch damit seines Weges, und ich glaube, er wird es roh essen. Dann kam noch einer, dem wir etwas Tabak gaben und dem Nächsten gaben wir eine Streichholzschachtel; schließlich kam ein sehr hochgewachsener Mann auf einem kleinen Esel daher, den wir fotografierten und ihm eine Zigarette gaben.

Montag, 28. Februar

Ich schickte diesen Brief nun doch nicht in Laghouat ab, da ich mich entschieden habe, dass es besser wäre, die ganze Fahrt bis Blida zu beenden, bevor ich ihn abschicke.

Gleich vor Laghouat, etwa 15 Meilen, bevor wir es erreichten, dachte wohl die Sahara ein letztes kleines Spiel mit uns spielen zu müssen und ein Knall ging durch die Anhängerkupplung. Beide Bolzen waren glatt abgebrochen, und obschon wir zu diesem Zeitpunkt auf einer leichten Neigung standen, konnten wir keinen sonstigen Schaden sehen. Der Caravan senkte seine Nase herunter in den Boden wie schon früher, in ziemlich harten Boden diesmal, doch als er dies tat, sprang automatisch die Bremse an und stoppte seine Fahrt.

Daddy montierte zwei neue Bolzen und weiter ging's. Wir kamen sicher in Laghouat an, wo man behauptet, dass die Sahara endet und uns hoffen lässt, dass damit auch unsere Probleme beendet sind.

Als wir letztes Mal in Laghouat waren, hatten wir geglaubt, am Ende der Welt zu sein, doch nunmehr fühlen wir uns mitten in der Zivilisation. Wir schwelgen einfach nur so in all dem guten Essen: zum ersten Mal seit zwei Monaten schmecken wir Butter und das Brot scheint wunderbar. Das Tamanrasset-Brot war lediglich Mehl und Wasser vermischt und auf brennende Kohlen gelegt und war das fürchterlichste Zeug, das man sich vorstellen kann.

Wir blieben nicht lange in Laghouat, erledigten einige Einkäufe und gingen dann los, um mit Monsieur Marfaing einen Drink zu nehmen.

Wir haben ein sehr hübsches arabisches Kissen für Dein Zimmer gekauft, wenn wir denn wieder ein Haus haben – es hat grün-blaue Muster auf weißem Grund, und ich glaube, es wird Dir gefallen.

März

Dienstag, 1. März

Heute Gott sei Dank keine Missgeschicke! Wir haben eine gute Fahrt gehabt und campieren nun zu Füßen des Atlas, den wir morgen als Erstes meistern wollen. Es ist viel kälter geworden und wir haben schon aus der Ferne gesehen, dass auf dem Gipfel des Atlas noch Schnee liegt – es mutet schon seltsam an, dass wir noch vor wenigen Tagen in sengender Hitze waren und nach Wasser lechzten. Das Land hat auf den letzten hundert Meilen ziemlich grün ausgeschaut; die kleinen wilden Thymianbüsche sind noch buschiger und ziemlich grün geworden und das Alfalfagras wird jetzt auch grün. Etwas außerhalb von Boukhari – einem monoton braungefärbten Ort, als wir früher hindurchfuhren – gibt es ein wundervolles Grün, da überall das junge Korn, oder was auch immer dort wächst, emporsprießt.

Ich werde das hier, sobald wir in Blida ankommen, mit Luftpost abschicken; ich hoffe ernstlich, dass sich der Caravan nicht entschließt, sich vom Auto zu trennen, während wir den Atlas hochfahren oder durch die Chifferschlucht hinunterfahren; es wäre höchst unerfreulich, ihn den ganzen langen Weg zurückgeschleppt zu haben und ihn dann am einem Berghang kurz vor Schluß zu verlieren. Wir sind wohl an hunderten von Pferden heute vorbeigefahren – offenbar ist dies eines der großen Pferdezuchtgebiete auf der Welt; und Blida ist berühmt für seine Araberhengste.

Mittwoch, 2. März

Wir sind schließlich sicher in Blida angekommen; ich hatte keinen besonderen Gefallen am Auf und Ab des Atlas, da ich so viel Angst davor hatte, der Caravan könnte jeden Moment abbrechen und manchmal war die Straße schon sehr haarsträubend, doch glücklicherweise ging alles gut aus und wir hatten keinerlei Missgeschicke; es gab keinen Schnee – außer auf den höchsten Gipfeln, und die Ausblicke waren einfach nur wundervoll; letztes Mal, als wir über den Pass fuhren, sahen wir nichts als Schnee, doch diesmal sahen wir, wie sehr gepflegt die ganze Landschaft ist: jeder einzelne Zoll Boden, der brauchbar war, war mit Korn, Wein etc. bepflanzt.

Offenbar hatte es einige schlimme Erdbeben gegeben, als wir den Gipfel des Atlas überfuhren, doch, da wir uns im Auto befanden, merkten wir nichts davon, außer dass ich mich fragte, warum denn so viele Brocken und Steine auf der Straße in der Chifferschlucht liegen.

Die Cherrys[71] bereiteten uns ein begeistertes Willkommen, und wir stehen jetzt auf ihrem Land in schöner Lage nahe dem Haus und mit einem Blick über die weite Ebene.

Heute Morgen holten wir die Briefe ab und waren sehr enttäuscht, keinen von Dir darunter zu finden, doch als wir das Schreiben von Oma lasen, die schrieb, Du hättest die Masern gehabt und könntest nicht schreiben – ich hoffe, Du bist wieder wohlauf –, da Omas Brief vom 21. Februar ist und sagt, Du wärest auf einem guten Weg der Besserung. Ich hoffe, Dir geht's wieder gut; Masern sind ekelhaft und ich bin dankbar dafür, dass Du keinen schweren Anfall hattest, obschon ich glaube, dass Du Dich in der Zeit ziemlich elend gefühlt hast. Auch die Antwort auf unser Telegramm, die wir heute erhielten, bestätigt, dass Du Dich zufrieden stellend erholst – worüber wir sehr glücklich sind..

Morgen werden wir nach Algier fahren und zu den Cooks gehen und nachschauen, welche Schiffe da sind, die von hier nach Kapstadt fahren – wenn wir wissen, dass es geht, machen wir weitere Pläne.

Wir speisen mit den Cherrys und da es nun schon Abendessenszeit ist, muss ich aufräumen und hinüber zum Haus gehen; sie sind wirklich ganz nette Leute und so charmant.

Donnerstag, 3. März

Wir sind heute den ganzen Tag in Algier gewesen; haben herausgefunden, dass es an der gesamten afrikanischen Nordküste nur ein Schiff gibt, das uns nach Süden bringen kann, und das fährt in etwa einer Woche ab; ein deutsches Passagierschiff der Wohlmann-Reederei.[72] Es ist ziemlich teuer: 160 Pfund für uns beide, das Auto und den Caravan. Doch die Cooks wollen herausfinden, ob sie Auto und Caravan auch für einen geringeren Preis mitnehmen, denn sie berechnen je 40 Pfund für sie und auch 40 Pfund für jeden von uns. Und wir essen! Sie nicht. Auch haben wir das Auto beim Fordhändler abgestellt, da der Wagen alle möglichen Geräusche im Motor aufweist und wir es für das Beste halten, wenn er gänzlich überholt wird.

Dann trafen wir die Cherrys im St. George's Hotel, einem der größten Hotels hier, wo wir einige Drinks nahmen und sie uns dann zurückfuhren.

Freitag, 4. März

Der Fordmann kam heute Nachmittag heraus zu uns und hatte sehr schlechte Nachrichten: offenbar ist der Sand in jede nur erdenkliche Ritze des Motors eingedrungen in diesen fünf Wochen, die er bei In-Guezzam stand, und als wir dann den Wagen wieder starteten, hat das Öl verbunden mit dem Sand viele lebenswichtige Teile des Motors zerschliffen: die Zylinder haben Rillen, die Kolbenringe sind gebrochen, die Kolben sind abgenutzt und zahlreiche andere Schäden gibt's, und das Einzige, was man tun kann, ist, einen neuen Motor einzubauen, was um die 90 Pfund kosten wird. Das ist wie ein Schlag für uns, doch hat es keinen Sinn, Schritt für Schritt vorzugehen, da es wahrscheinlich am Ende viel mehr kosten wird und nicht so Erfolg versprechend ist, und wir können mit ihm nicht fahren, so wie er ist, denn es könnte alles Mögliche geschehen. Ich freue mich, dass wir wohlbehalten und ohne dass irgendetwas Ernstliches geschehen ist wieder hier sind; es ist zwar sehr traurig, dass wir das tun müssen bei einem Auto, das erst vier Monate alt ist, doch der einzige Lichtblick ist, dass die Leute von Ford bereit sind, unsere Ersatzteile zu übernehmen und dafür etwa 20 Pfund von der Rechnung abzuziehen.

Heute haben wir unsere Fotos bekommen und sind sehr enttäuscht von ihnen: kaum ein Detail ist auf ihnen zu sehen. Ich denke, wir haben die falsche Belichtungszeit für das strahlende Wüstenlicht gewählt, doch da wir keine Gelegenheit hatten, die Filme entwickeln zu lassen, wussten wir das nicht.

Samstag, 5., Sonntag, 6. & Montag, 7. März

Tut mir leid, dass ich die letzten beiden Tage nicht geschrieben habe, doch scheinen wir in letzter Zeit ein solch hektisches Leben zu leben: Abendessenseinladungen, Tennisspiele, Cocktailparties; da scheint keine Zeit geblieben zu sein, sich hinzusetzen und zu schreiben.

Wir wissen immer noch nicht, wann wir denn von hier abreisen: das deutsche Schiff hat seine Preise erhöht und will nun 185 Pfund für die Passage nach Port Elizabeth,[73] so dass wir nicht mit ihm mitwollen, wenn wir uns anderweitig helfen können. Daddy ist heute Nachmittag in Algier, um einen Mann zu treffen, der, als wir ihn trafen, uns sagte, dass es die Möglichkeit gebe, dass ein englisches Frachtschiff hier anlaufe und dann nach Kapstadt weiterfahre und dass er sich für uns erkundigen werde. Wenn wir mit dem deutschen Schiff fahren, reisen wir am Donnerstag ab, so dass uns nicht viel Zeit bleibt, doch hoffe ich, dass sich das andere bestätigt.

Am Samstag hatten die Cherrys zwei französische Offiziere und ihre Frauen zum Abendessen da, und zuvor hatten wir sie alle im Caravan zur Cocktailparty, und am Sonntag gab es ein Tennismatch und viele Leute waren am Abend zum Essen da.

Die Cherrys reisen Anfang April nach England, da sich die zwei Mädchen in der Schule blicken lassen müssen, und werden im September hierher zurückkehren.

Donnerstag, 8. März

Heute haben wir das Auto zurückbekommen und es schaut wieder aus wie neu: wir sahen Teile des alten Motors und die waren fingerdick mit Sand zu; es grenzt schon an ein Wunder, dass der Motor überhaupt noch gelaufen ist.

Zwei Engländer, Herr Major Frazer mit Frau, kamen zum Mittagessen bei den Cherrys vorbei. Wir luden sie auf einen Cocktail in den Caravan ein und fuhren dann mit ihnen zurück nach Algier und holten das Auto ab. Sie sind hier auf Urlaub.

Das Frachtschiff, auf das wir gehofft hatten, bleibt aus; offenbar gibt es nicht genug Fracht als dass es sich lohne, hierher zu kommen, doch hörten wir ein Gerücht, dass wohl ein französisches Frachtschiff in den nächsten Wochen Casablanca verlässt, und wir hoffen, morgen Genaueres zu erfahren. Das deutsche Schiff haben wir ausgeschlossen, da es ein italienisches Schiff gibt, das Marseille am 1. April verlässt, viel billiger ist und weniger Zeit braucht; das Schiff werden wir wohl nehmen, wenn kein Frachter aufkommt; wir ziehen einen Frachter vor, da wir dann im Caravan wohnen könnten.

Wir hoffen, dass wir etwas aus Casablanca erfahren, denn wir hätten dann eine Fahrt quer durch Marokko, und von allen Erzählungen her müssen die Straßen wunderbar sein; gerade wie ein Billardtisch; und da die Anhängerkupplung sehr stabil gemacht wurde, würden wir nichts haben, worum wir uns sorgen müssten.

Ich freue mich so, vom Opa zu hören, dass es Dir jetzt wieder gut geht und Du aus der Quarantäne heraus bist und hoffe, bald einen Brief von Dir zu bekommen.

Algerien ist wunderbar um diese Jahreszeit; Tag für Tag wachen wir im allerschönsten Sonnenschein auf und das Land sieht vollkommen aus in all seinen Frühlingsfarben. Algier selbst scheint ein einziges Blütenmeer: Blumenläden, Blumenkioske und Blumenverkäufer allerorten; ich wünschte, England besäße hier herum etwas Land; es wäre ideal, um sich dort niederzulassen, nahe an England und an allem anderen. Manchmal sind wir versucht, hier zu bleiben und Caravans zu bauen, doch Daddy gefällt die Idee, sich in einer französischen Kolonie niederzulassen, nicht.

Ich frage mich, ob Du in den letzten Monaten viel gewachsen bist – ich denke, Du bist jetzt so groß wie ich.

Wir erhielten heute einen Brief von Hayter[74] aus Nairobi, in dem steht, dass sie aufgehalten wurden, weil die Straßen wegen der Regenfälle geschlossen waren; doch hat er es geschafft, dort einen Job zu bekommen und scheint ziemlich glücklich über alles, so dass er beabsichtigt, sich in Rhodesien niederzulassen. Auch wenn wir noch keine solchen Zwischenfälle gehabt haben, so vermute ich doch, dass auch wir noch aufgehalten werden.

Mittwoch, 9., Donnerstag, 10. & Freitag, 11. März

Es gab in letzter Zeit nichts zu schreiben: Mittwoch waren wir nur hier und spielten nachmittags Tennis.

Gestern waren wir mit den Cherrys in Algier und kauften etwas ein; gingen dann zum Tee mit ihnen zu Leuten namens Burnett. Er, Sir Charles Burnett, ist ein englischer Feldmarschall der Luftwaffe und sie besitzen eine Villa hier, wo sie im Winter hinkommen;[75] dann fuhren wir hinaus nach El Briar und wollten die Turners besuchen, die aber leider nicht da waren. Danach sind wir auf eine Cocktailparty bei Leuten namens Pull gegangen, die uns beiden sehr gefielen.

Heute hatten wir einen ganz ruhigen Tag: am Nachmittag sind Daddy, Elizabeth Cherry und ich nach Blida gegangen, wo wir Tee getrunken und etwas eingekauft haben.

Bis jetzt haben wir noch nicht gehört, ob das Frachtschiff von Casablanca ausläuft, doch hoffen wir, dass es in ein oder zwei Tagen definitive Nachrichten gibt, doch leider gibt es nicht viel Hoffnung.

Samstag, 12. & Sonntag, 13. März

Gestern haben wir nicht allzu viel gemacht – Daddy und die Mädchen haben Tennis gespielt, doch ich hatte leider einen leichten Tennisellbogen und hielt es für besser, den Arm etwas zu schonen. Heute waren bei den Cherrys einige Schweizer und Amerikaner zu Mittag, und sie blieben zu Tennis und Tee; allesamt interessante Leute, und da jeder Englisch sprechen konnte, fühlte ich mich fast wie daheim. Wir glauben, dass es keine Hoffnung mehr auf ein Frachtschiff aus Casablanca zum Kap gibt, so dass wir uns für das italienische Schiff entschieden haben, das Marseille am 1. April verlassen soll – d.h., falls in der Zwischenzeit kein Krieg ausbricht. Nach dieser jüngsten Bewegung Hitlers nach Österreich spüren wir,[76] dass wir gut daran getan hätten, sobald als möglich über das Mittelmeer zu fahren, weswegen wir morgen nach Algier fahren, um alles festzumachen. Wir halten es für klüger – für den Fall, dass etwas passiert –, England einfach erreichen zu können und wir hoffen, dass sich bis Ende des Monats die Dinge in die eine oder andere Richtung entwickelt haben.

Montag, 14. März

Wir waren heute den ganzen Tag in Algier; haben unsere Passagen auf einem Frachter gebucht, der nur wenige Passagiere aufnimmt und hier am Samstag abfährt, aber nicht nach Marseille ausläuft, sondern an einen Ort namens Sett[77] in – so glaube ich – Montpellier, etwa 100 Meilen westlich von Marseille. Wir haben das italienische Schiff nur vorläufig gebucht, denn wir wollen in Bezug auf die politischen Verhältnisse in Europa sicher sein, bevor wir unser Geld einsetzen. Keiner von uns kann sich an den Schiffsnamen erinnern, doch gehört es zum Lloyd Triestino Co.[78] und hat etwa 21.000 Tonnen.

Der Frachter, auf dem wir am Samstag abreisen, gehört zur Schiaffino Company und heißt „Ville Djiellili".[79] Zuerst waren sie absolut unerbittlich in Bezug auf die Mitnahme von Passagieren: sie sagten, dass sie nie welche mitnehmen, doch hatte man uns berichtet, dass sie es gelegentlich täten, also suchte Daddy den britischen Konsul auf, und der rief sie an und erzählte ihnen, dass Daddy ein englischer Marineoffizier im Ruhestand sei und dass er in Anbetracht der Situation in Europa sehr beunruhigt sei und sobald als möglich auf die andere Seite hinüber möchte – sofort setzten sie alle ein Lächeln auf und sagten, dass sie uns gewiss mitnehmen wollten.

Dienstag, 15. März

Heute kamen Mrs. Turner und ihre Tochter hinaus zu den Cherrys zu Mittag; Mrs. Turner schreibt jetzt die Nachrichten aus Algerien für die „Continental Daily Mail" und hat ihnen eine Beschreibung unserer Reise durch die Sahara und zurück geschickt und hat uns versprochen, uns ein Exemplar zu senden, wenn es erscheint.[80]

Die Tochter hat sich kürzlich mit einem Südafrikaner aus Johannisburg namens Mansfield verlobt; ich glaube, sein Vater ist sehr reich und ihm gehören ein oder zwei Diamantenminen, so dass jeder sehr glücklich darüber ist.

Nachmittags kamen einige Franzosen zum Tee, und nachdem sie gegangen sind, haben wir einen Spaziergang gemacht.

Mittwoch, 16. März

Heute Nachmittag sind wir wieder nach Algier gefahren und haben unsere Passage nach Sète bestätigt. Am Abend gingen wir alle ins Theater, um Maurice Chevalier[81] zu sehen: er war sehr gut, und selbst ich konnte mehr oder weniger seinen komischen Wendungen folgen und mich an ihnen erfreuen.

Donnerstag, 17. März

Wir sind den ganzen Tag hier geblieben und kommen gerade vom Abendessen mit den Malglaives zurück, und ich sitze gerade noch auf dem Bett.

Freitag, 18. März

Auch heute haben wir den ganzen Tag hier verbracht; haben uns selbst, das Auto und den Caravan fertig gemacht für unsere morgige Seereise – o wie ich Seereisen hasse!

Heute Abend veranstalten die Cherrys für uns ein

Abschiedsessen, und da wir immer die auserlesensten Speisen bei ihnen hatten, weiß ich nicht, wie sie es noch steigern könnten.

Wir sind beide recht traurig, Algier zu verlassen, oder besser diesen Teil davon; die letzten vierzehn Tage waren so angenehm für uns, und die Cherrys haben sich solche Mühe gegeben, dass wir uns zu Hause fühlen; und ich frage mich, ob wir diesen prächtigen Sonnenschein auch auf der anderen Seite des Mittelmeeres haben werden.

Der Caravan wird an Bord der „Djellili" gehievt. Algier

Samstag, 19. März

Es ist sechs Uhr abends und wir haben uns an Bord der „Djellili" niedergelassen; es ist ein winzig kleines Schiff; ich denke, sie hat nicht viel mehr als 2.000 Tonnen (und ihren Namen spricht man „Ville de Djidjelli"), aber unsere Kabine ist nicht übel, hat zwei Betten, eins über dem anderen, und einigermaßen Platz. An Bord gibt es jede Art Fracht: Gemüse, Früchte, Blumen, 9 Esel, 5 Pferde und 2 Mulis. Unser Auto ist das einzige. Die armen Tiere wurden in zwei großen Netzen an Bord gehievt und befinden sich nun nahe beim Auto und beim Caravan. Ich machte einige Photos von ihnen, um sie Dir zu schicken und hoffe, ich habe sie gut getroffen.

Es war ein wirklich ziemlich ermüdender Tag, da wir sehr früh aufstehen mussten; verließen Blida um halb sieben, da wir um acht hier sein sollten, um die Zollformalitäten zu erledigen, für die sie hier Jahre brauchen und da sie um 10.30 Uhr schließen. Wir konnten nicht vor Mittag an Bord, fuhren so zurück nach Algier um 12 Uhr zum Mittagessen und waren um 14.30 Uhr zurück; dann vertrieben wir uns die Zeit, bis Auto und Caravan an Bord gehievt wurden, spazierten zurück nach Algier, um Tee zu trinken und kehrten erst vor wenigen Minuten hierher zurück. Jetzt warten wir auf das Abendessen, das es um 18 Uhr geben soll, und das Schiff fährt um 19.30 Uhr ab.

Die Cherryfamilie, die Dienerschaft und alle waren heute Morgen auf, um uns abfahren zu sehen. Wir waren beide sehr traurig, ihnen „Auf Wiedersehen" sagen zu müssen; überhaupt waren wir sehr traurig, diesen Teil der Welt für immer zu verlassen.

Sonntag, 20. März

Gestern abend sind wir an Deck gegangen, als das Schiff abzufahren begann und schauten auf Algier, oder besser zu den Lichtern Algiers, die in der Entfernung verschwanden. Es sah alles zu wunderbar aus: abertausende Lichter; Algier ist eine sehr große Stadt, die viertgrößte französische Stadt. Es gab kurz nach unserer Abfahrt einen Riesenkrach an Bord zwischen zwei Offizieren und der Mannschaft – offensichtlich ging es darum, dass sie bereits ihre acht Stunden an diesem Tag gearbeitet hatten (soweit ich verstanden habe, arbeitet niemand in Frankreich mehr als acht Stunden und nie mehr als 40 Stunden pro Woche, d.h. es gibt nur fünf Werktage in der Woche). Schließlich meinte einer der Offiziere, die Überstunden würden ihnen bezahlt.

Wir hatten heute den wundervollsten Sonnenschein und Ruhe, und doch kann ich nicht sagen, dass ich ihn sehr genossen habe, da ich nicht wirklich daran gedacht habe, auf See zu sein. Wir fuhren so nah an der Insel Mallorca vorbei, dass wir die Häuser sehen konnten, doch die Insel Menorca sahen wir nur aus der Entfernung – das Schiff fuhr zwischen den beiden Inseln hindurch. Wir dachten zwar, dass wir eine ganze Reihe Kriegsschiffe des einen oder anderen Typs sehen werden, doch bislang haben wir keines gesichtet – und es ist nach 17 Uhr. Wir hatten den Kapitän und einen weiteren Offizier, und auch die beiden anderen Passagiere, einen Mann und eine Frau, vor dem Mittagessen im Caravan auf einen Drink eingeladen. Dem Mann gehören all die Tiere und die Frau ist die Ehefrau einer der Männer an Bord, von welchem weiß ich nicht genau.

Ich habe einen Fehler gemacht als ich sagte, Sète sei in Montpellier, denn jetzt weiß ich, dass Montpellier keine Provinz, sondern nur eine Stadt ist. Sète ist fast an der spanischen Grenze und liegt in der Provinz Herault.[82]

Auch habe ich herausgefunden, dass die „Djellili" 1.300 Tonnen hat und dass der Name des italienischen Schiffes „Julius Caesar" ist.

Montag, 21. März

Wir kamen um 6 Uhr heute Morgen in Sète an, Auto und Caravan wurden um 7 heruntergehievt, doch da wir so nah der spanischen Grenze waren, brauchte der arme Daddy fast neun Stunden um schließlich all die roten Siegelbänder von seinen Waffen und der Munition herunterzubekommen, obschon er zuvor an die zuständigen Behörden geschrieben hatte. Während der Wartezeit lief ein französischer Zerstörer mit dem Leichnam des französischen Konsuls ein, der durch eine Bombe in Barcelona ermordet worden war und von einer Ehrengarde in Empfang genommen wurde.

Wir sind etwa 45 Meilen von Sète weggekommen und sind schon auf der Strecke nach Marseille, denn der Kapitän der „Djellili" meint, dass er absolut sicher ist, dass wir eine Menge Frachtschiffe finden werden, die von dort zum Kap auslaufen, und auch wir denken, dass es viel netter sein wird als das italienische Passagierschiff, wenn wir es denn bezahlen könnten.

Die Landschaft zwischen hier und Sète war sehr angenehm: wahre Massen von Mandelbäumen in der Blüte, die aussehen wie riesige rosafarbene Teppiche und meist pittoresk anzusehende Schlösser über die Landschaft verteilt – dies hört sich wie eine komische Beschreibung an, doch bin ich nach all der Warterei ziemlich müde und kann nicht mehr denken.

Dienstag, 22. März

Du würdest lachen, könntest Du uns jetzt sehen! Wir parken auf der Hauptstraße von Marseille inmitten eines riesigen Jahrmarktes!

Als wir das letzte Mal in Marseille waren, bemerkten wir, dass es einen eigenen Parkplatz für Caravans mit Toilettenraum etc. in der Nähe gab, und so beschlossen wir, da wir auch noch einiges hier zu tun haben, dorthin zu fahren und zu parken, und Du kannst Dir unser Entsetzen vorstellen, als wir entdeckten, dass jeder Quadratzentimeter Boden mit Karussells und den üblichen Jahrmarktsbuden besetzt war. Da Hinausfahren bedeutet hätte, etwa 15 Meilen bis zum nächsten guten Parkplatz fahren zu müssen, entschlossen wir uns zu bleiben, irgendwie, bis wir unsere Erledigungen gemacht haben, und stellten uns längsseits eines sehr eindrucksvollen Schaustellerwagens und haben nun Freundschaft mit den Leuten darin geschlossen. Die eine ist eine sehr attraktive Frau, die eine Lotterie betreibt und angeboten hat, ein Auge auf den Caravan zu haben, wenn wir weg sind. Die andere ist ein Mädchen, die die „Todeswand"[83] auf einem Motorrad fährt.

Momentan herrscht allergrößter Lärm: etwa fünfzig verschiedene Bands spielen alle gleichzeitig, Lautsprecher, schreiende Leute, Maschinen knattern und Menschengruppen brüllen; es ist jetzt drei Uhr nachmittags, und der Himmel weiß, was am Abend los sein wird; ich denke, Du würdest es einfach nur mögen.

Daddy ist fortgegangen und eilt durch die Schifffahrtsbüros, und ich versuche im Caravan zu schreiben, doch es ist recht schwierig, da ich ständig die sich amüsierenden Leute beobachte, die vorbeiströmen. Ich schicke Dir auch einige Fotos, die wir in der Sahara aufnahmen, doch leider sind sie nicht wirklich gut, da sie keinen Eindruck dessen vermitteln, wie die Gegend wirklich aussieht.

Leider habe ich Deinen Brief schon wieder verpasst. Ich denke, er hat Blida an dem Tag erreicht, als wir abreisten, aber ich denke, er wird in ein oder zwei Tagen hier auftauchen.

Mittwoch, 23. März

Heute Nacht campierten wir auf dem absolut perfekten Platz: inmitten von Pinien- und Olivenbäumen auf einem Platz etwa 100 Yards vom Strand entfernt, in der Nähe des Dorfes Gien und nur 5 Meilen von Hyères[84] entfernt – wirklich der wundervollste Platz! Wir verließen Marseille nach dem Mittagessen und sind hier etwa um sechs Uhr angekommen, hatten unterwegs etwas Regen – den ersten Regen seit Monaten –, doch scheint's jetzt aufzuklaren. Hyères scheint sehr gewachsen zu sein, seit wir vor zwölf Jahren das letzte Mal hier waren – ich denke, Du wirst Dich daran nicht allzu viel erinnern können.

Wir haben endlich beschlossen, mit dem italienischen Passagierschiff „Julius Caesar" zum Kap zu fahren, obschon es ein oder zwei Frachter gäbe, die dorthin fahren; die sind ebenfalls Italiener und kosten fast dasselbe wie die „Julius Caesar", brauchen aber ein Gutteil länger dorthin; die „Julius Caesar" kommt in Kapstadt am 18. April an und verlässt Marseille am 1. April, und ihr Preis ist 111 Pfund für Auto, Caravan und uns, was erheblich günstiger ist als das deutsche Schiff.

Unsere Nacht auf dem Platz in Marseille war nicht ganz so übel: und in der Tat haben wir seine Neuartigkeit genossen. Wir schauten das Mädchen und ihr Motorrad an der „Todeswand" an, und es war das Furchteinflößendste, was ich je sah: sie fuhr Runde um Runde an dieser senkrechten Wand und machte alle Arten Kunststücke, und während sie die machte, wurde ich allein schon vom Zusehen krank; und das, so sagte sie, müsse sie zwanzig- bis dreißigmal am Tag machen.

Donnerstag, 24. März

Wir hatten heute eine netten, ruhigen, friedvollen Tag, bekamen eine Reihe Post erledigt und sind nach dem Tee nach Hyères gefahren, etwas spaziert und haben einige Einkäufe erledigt. Die See ist voll von Kreuzern, Zerstörern, U-Booten und so weiter, und Flugzeuge überfliegen zu Dutzenden. Hyères ist ein großer Marinehafen, und sie veranstalten jeden Tag Übungen, ganz in der Nähe unseres Campingplatzes. Daddy badete heute Morgen und meinte, dass Wasser sei ziemlich warm, doch da die Sonne heute noch nicht lange scheint, werde ich noch warten, bevor ich hineingehe.

Wir sind hier derart von Wasser umgeben wie wir's in der Wüste von Sand waren, denn der Fleck, auf dem wir stehen, ist eine Halbinsel und ragt direkt ins Meer.

Freitag, 25., und Samstag, 26. März

Es regnete gestern den ganzen Morgen, klarte aber zum Nachmittag hin auf, so dass wir nach dem Tee nach Gien spazierten, das etwa 2,5 Meilen von hier entfernt ist. Wir mussten durch einige ziemlich sumpfige Stücke und auch die Moskitos waren höchst unerfreulich, folgten uns die meiste Strecke, bissen uns unbarmherzig, oder müsste ich vielleicht sagen „stachen" uns. Es gibt eine ganze Menge davon hier, wo wir campen, doch glücklicherweise scheinen sie nicht allzu gern in den Caravan zu kommen.

Heute Morgen brachte Daddy um 6.30 Uhr das Auto nach Hyères. Er hat sich in den Kopf gesetzt, dass es gut wäre, eine vollkommen neue Anhängevorrichtung angebracht zu bekommen, da die alte schon so oft verbogen worden war: zuerst in In Ekker, dann in Tamanrasset, dann in Arak, dann in In Salah, Laghouat und Algier; er fand einen guten Schmied in Hyères, der die alte demontierte und eine ganz neue anbaute.

Er spazierte von Hyères heute Morgen die fünf Meilen her und wir gingen am Nachmittag das Auto holen. Es war ein ziemlich windiger Marsch und währenddessen wurden wir beide so durstig und hungrig, so dass wir in eines der Cafés gingen und einen guten Tee tranken; ich wünschte, Du wärest hier bei uns, da ich weiß, dass es Dir gefallen würde, doch ich bin froh, dass Du nicht in die Wüste gekommen bist und ich hoffe, Du bist es auch.

Sonntag, 27. März

Heute Nachmittag haben wir einen Ausflug nach Le Lavandou[85] gemacht, einem kleinen Küstenort etwa 15 Meilen hinter Hyères. Wir waren hier vor zwölf Jahren, als wir Malta verließen und Du noch ein Baby warst; damals war es ein kleines, unverfälschtes Fischerdorf, doch heute ist es sehr chic und modern mit riesigen Hotels, einer Promenade und dem Üblichen. Die Fahrt dorthin und zurück war sehr schön: wir fuhren an endlosen Blumenfeldern vorbei, meist Tulpen und andere Blumen; ich weiß nicht, ob sie angepflanzt werden, um als Schnittblumen verkauft zu werden oder für die große Parfümfabrik in Grasse.[86]

Die Tage sind jetzt einfach perfekt und ich bin fast in Versuchung gekommen, ein Bad zu nehmen, doch das Wasser ist eiskalt, doch glaube ich, dass es sich bei diesem Sonnenschein rasch wieder erwärmen wird; Daddy badet zweimal täglich.

Wir haben hier heute mit der Sommerzeit begonnen,[87] die, glaub' ich, drei Wochen früher als in England beginnt; mir gefällt das sehr, denn es bedeutet, dass wir hellere Abende habe, was im Caravan so viel angenehmer ist.

Montag, 28. März

Wir sind soeben wieder von einem ausgedehnten Spaziergang zurückgekommen: diesmal gingen wir nach Hyères

Plage, und ich glaube, es sind etwa fünf Meilen hin und zurück; ich werde noch ein strammer Geher auf meine alten Tage!

Es war heute ein wundervoller Tag; und so, wie ich hier sitze und schreibe, kann ich aus einem Caravanfenster die tiefblaue See zwischen den Ästen eines Pinienbaumes sehen und aus dem anderen sehe ich eine noch blauere See, die auf einen weißen Sandstrand zurollt und blaue Berge in einiger Entfernung und all dies überströmt mit hellem, warmem Sonnenschein. Wir haben leichte Kleidung angezogen, und es scheint schwer vorstellbar, dass es noch März ist.

Ich sende das morgen ab; wir hatten keine Post, während wir hier waren, doch hoffe ich, dass es einen hübschen Stapel für uns gibt, wenn wir am Donnerstag zurück nach Marseille kommen.

Dienstag, 29. März

Es gibt nicht viel über den heutigen Tag zu berichten: heute Morgen sonnenbadeten wir etwas und gingen nach dem Mittagessen nach Hyères; ließ meine Haare schneiden und kaufte etwas Wolle für einen Pullover für Daddy und für einen für mich. Dies, damit ich etwas Beschäftigung auf der langen Fahrt raus zum Kap habe, und ich wünschte, ich fiele in Schlaf sobald das Schiff ablegt und würde wieder aufwachen, wenn wir angekommen sind.

Mittwoch, 30. März

Heute ist hier unser letzter Tag, da wir morgen sehr sehr früh aufbrechen wollen. Wir werden traurig sein, wenn wir gehen, da es so friedlich und freundlich war und das herrliche Wetter unseren kurzen Aufenthalt hier so angenehm machte.

Wir haben die Sachen für das Schiff zusammengepackt und ich habe meine Haare gewaschen, ansonsten haben wir uns in der Sonne am Strand die Zeit vertrieben. Nach

„Giulio Cesare". 21.900 Tonnen

dem Tee gingen wir in den Ort La Capte, kauften einige Lebensmittel und jetzt werden wir in Kürze zu Bett gehen.

Donnerstag, 31. März

Ich sende diesen Brief morgen, und es tut mir leid, dass er diesmal nur sehr kurz wird. Wir verließen La Capte gegen 7 Uhr heute Morgen und campen nun auf einem Stück Ödland nahe einer Werkstatt, etwa 12 Meilen von Marseille. Wir haben den ganzen Tag in Marseille damit verbracht, unsere letzten Einkäufe und Geschäfte zu erledigen, und ich war sehr erfreut, endlich drei Briefe von Dir zu bekommen.

Ständig werde ich von merkwürdigen Leuten unterbrochen, die herkommen und uns besuchen!

April

Freitag, 1. April

Bin gerade aus dem Bett und schreibe dies als Erstes auf. Wir sind sehr erstaunt und in höchstem Maße erfreut über dieses Schiff: Obschon wir in dem reisen, was man „Touristenklasse" nennt, war ich nirgendwo zuvor in etwas so luxuriösem und komfortablen; wir haben eine wunderschöne und sehr geräumige Kabine mit fließend Heiß- und Kaltwasser und großen Kleiderschränken; die Betten sind von normaler Größe, nicht wie die üblichen Schiffskojen, und auch der Ess–, Raucher- und Musikraum sind sehr komfortabel. Es gibt eine Menge Stewards, die alle Englisch sprechen und wir haben jede Aufmerksamkeit; auch das Essen ist exzellent. Es gibt eine gute Bibliothek, in der haufenweise englische Bücher stehen, und heute Abend gibt es Kino im Musikzimmer und man zeigt einen sehr guten Film in Englisch. Wir müssen nirgendwo für etwas extra bezahlen, was uns auch sehr erstaunt, denn auf den meisten Schiffen, auf denen ich war, musste man ständig für dies oder das bezahlen; ich wünschte, wir könnten es für Dich arrangieren, mit dieser Linie herunterzukommen, doch wird es das Schwierigste sein, Dich nach Marseille zu bekommen.

Samstagmorgen, 2. April

Ich schreibe dies heute Morgen, da wir morgen nach Gibraltar[88] kommen und die Briefe heute auf dem Schiff aufgegeben werden müssen.

Wir haben einen guten Spaziergang auf dem Hinterdeck diese Nacht gemacht; unsere Betten sind angenehm und das Schiff ruhig wie ein Fels, man sagte mir, dass es auch in Schlechtwetter sehr ruhig sei, und ich fühle mich wohl, und nicht so, als wäre ich auf dem Meer.

Als wir spazieren gingen, überflog ein Flugzeug das Schiff, ein vollkommen dunkelgraues Flugzeug mit keinerlei Markierungen, und es war so tief und nah, dass man die drei Männer darin genau erkennen konnte, ebenso die beiden Maschinengewehre vorne und eins hinten; nachdem es uns inspiziert hatte, flog es davon und laut den

Schiffsoffizieren war es ein französisches Flugzeug. Ich denke mal, es wäre nicht so angenehm gewesen für ein italienisches Schiff, wenn es ein Reichsflugzeug gewesen wäre.

Es scheinen alle Nationalitäten auf diesem Schiff zu sein, wobei Südafrikaner und Italiener überwiegen. Alle Bekanntmachungen sind in Englisch, Italienisch und Afrikaans; wir sitzen im Speisesaal an einem kleinen Tisch zusammen mit einer Engländerin und einem jungen holländischen Südafrikaner. Die Engländerin kehrt nach einem sechsmonatigen Urlaub in England nach Südafrika zu ihrem Mann zurück – sie haben sich vor 6 Jahren in Südafrika niedergelassen; er ist Architekt in Johannesburg, und sie meint, keiner von beiden würde nunmehr woanders auf der Welt leben wollen. Der junge Holländer hat alle Großstädte Europas und London bereist; er ist ein wirklich gut aussehender junger Mann und recht amüsant.

Auch gibt es eine Menge Spiele: Tennis auf dem Deck, Deckquoits[89] und die üblichen Spiele für solche Schiffe; auch gibt es ein ziemlich großes Schwimmbecken, das sehr schnell mit Wasser befüllt ist.

Leider wird es uns nicht möglich sein, morgen in Gibraltar an Land zu gehen, da das Schiff nur etwa eine halbe Stunde hält; doch glaube ich, dass wir in Dakar an Land werden gehen können.

Es gibt nicht viele Kinder an Bord: ein kleines Mädchen in Deinem Alter, das mit ihren Eltern nach Nyassaland[90] reist und einige Kleinkinder von etwa 3 und 4 Jahren.

Sonntag, 3., Montag, 4., & Dienstag, 5. April

Ich habe nicht jeden Tag geschrieben, da es wahrhaftig nicht allzu viel zu schreiben gibt und wir jeden Tag dasselbe tun. Uns geht es immer noch sehr gut: das Schiff ist ruhig wie ein Fels und auch das Essen ist weiterhin vorzüglich, und wir essen viel zu viel, schlafen zu viel und leben das lässig-faule Schiffsleben. Leider kann ich bei keinem Spiel mitmachen, da mein Tennisellbogen immer noch gereizt ist, und dieses Nichtstun macht die Tage ziemlich lang; so gehe ich eine Menge umher und hatte kleinere Partien Bridge.

Als wir in Gibraltar hielten, war es niemandem gestattet, von Bord zu gehen, da wir nur etwa eine halbe Stunde Aufenthalt hatten, doch war es recht amüsant, den herankommenden Booten zuzuschauen, die alle möglichen Dinge verkaufen wollten: Seidenkimonos, Pyjamas, Kleidung etc. Wir kauften lediglich 200 Zigaretten, obschon sie wirklich einige sehr nette Sachen hatten und auch zu wirklich vernünftigen Preisen. Morgen werden wir um etwa 4 Uhr nachmittags in Dakar ankommen und gegen 23 Uhr wieder ablegen, und ich denke, es wird den Passagieren möglich sein, an Land zu gehen, was nett wäre und die Monotonie ein wenig unterbrechen würde. Wir haben jede nur erdenkliche Nationalität auf diesem Schiff. Wir schaffen es, vierzehn verschiedene Nationen aufzuzählen, von denen wir sicher wissen, doch wahrscheinlich gibt es noch mehr, die wir gar nicht kennen.

Mittwoch, 6., Donnerstag, 7., Freitag, 8. & Samstag, 9. April

Wir sind gerade dabei, den Äquator zu überqueren und heute Abend gibt es ein Galadinner mit anschließendem Tanz, das so genannte „Äquatorialdinner". Ich glaube zwar nicht, dass es viel Tanz geben wird, da es schrecklich heiß ist und jedermann von morgens bis abends und auch die Nacht hindurch schweißgebadet ist. Doch ein sehr angenehmes Schwimmbecken wurde aufgestellt und man kann sich jederzeit dort abkühlen und einige Bahnen ziehen; Meerwasser läuft ständig hinein und der Wasserüberfluss läuft am anderen Ende ab, so dass es ziemlich sauber ist.

Wir sind in Dakar an Land gegangen, doch da wir nicht vor 18.30 Uhr dort ankamen, sind wir erst nach dem Abendessen hingegangen; wir mussten ein Taxi nehmen, da die Stadt mehr als drei Meilen entfernt lag; es war ziemlich enttäuschend, da es viel zu dunkel war, um allzu viel zu sehen; wir sind nur mit den beiden Leuten umherspaziert, mit denen wir uns das Taxi geteilt hatten, hatten einige Biere in einem Café und waren um 22.30 Uhr zurück am Schiff; das Schiff fuhr dann gegen Mitternacht wieder weiter.

Darüber hinaus gibt es nichts Dir zu berichten; nur das übliche, tägliche Routineleben auf dem Schiff. Es gab zwar die Anregung für eine „Äquatortaufe", da es aber nur wenige Passagiere betraf und die meisten den Äquator schon einmal passiert hatten, fiel sie aus.[91]

10., 11., 12., 13., 14. & 15. April

Wir erreichen Kapstadt morgen früh und fahren am Abend weiter; ich weiß nicht, ob ich Dir erzählt hatte, dass wir beschlossen haben, in Port Elizabeth an Land zu gehen; dort sollen wir am Montag Morgen ankommen, und wie froh werde ich sein, wieder auf festem Boden zu stehen.

Die letzten beiden Tage waren sehr unangenehm und rau und ein Gutteil der Passagiere war sehr seekrank; ich jedenfalls schaffte es, bei allen Mahlzeiten aufzutauchen, hab mich aber auch nicht allzu wohl gefühlt.

Ich habe nicht jeden Tag geschrieben, da es wirklich gar nichts Besonderes zu berichten gab.

In Kapstadt, so sagte man mir, kämen etwa 400 Passagiere an Bord; Teilnehmer einer speziellen Ferienfahrt nach Lorenzo Marques[92] und zurück.

Daddy schrieb an Shakes und sandte den Brief von Gibraltar ab; er hatte ihn gefragt, ob er morgen mit uns zu Mittag esse, doch wissen wir nicht, ob er ihn rechtzeitig erhalten wird.

Samstag, 16. April

Wir sind heute Morgen sehr früh in Kapstadt angekommen und erwarteten, einen großen Postberg vorzufinden, doch wie mittlerweile üblich, scheinen unsere Briefe irregeleitet worden zu sein, so dass wir lediglich einen erhielten:

von Sir Philip Richardson, der wissen wollte, wie es uns ergangen sei, nachdem er an uns bei Tamanrasset vorbeigefahren ist; offenbar war er ihre Reise so satt, dass er Kano mit dem Zug verließ, in Lagos ein Schiff nahm und nach England zurückgekehrt ist.

Wir riefen Shakes vom Schiff aus an und stellten fest, dass er immer noch unseren Brief nicht erhalten hatte, doch da er am Wochenende Besuch hatte, konnte er nicht den ganzen Weg von Somerset West[93] herkommen, um uns zu sehen. Danach riefen wir Poppy Ross in St. James an, und sie bat uns, zum Mittagessen hinauszufahren, was wir dann auch machten, und danach fuhr sie uns hinaus zu Shakes Farm, so dass wir ihn doch noch sahen; dort waren auch noch andere Leute, die wir kannten, und so war es ein höchst angenehmer Tag. Sie brachte uns zurück zum Schiff, das dann um 18.30 Uhr ablegte.

Es regnete, als wir hier ankamen, klarte aber später auf, und das ganze Land schaute wunderbar aus: überall an den Straßenrändern sieht man Farbige, die wunderschöne Heideblumen, Proteas[94] und andere wildwachsende Kapblumen verkaufen, und die Berge ringsum sind wundervoll; es ist wirklich ein wunder-, wunderschöner Platz auf der Welt.

Sonntag, 17., Montagmorgen, 18. April

Das Schiff kam hier in Port Elizabeth gestern abend um 19.30 Uhr an und fuhr bereits sehr früh heute Morgen weiter; der Caravan wurde heruntergehievt, sobald wir angekommen waren, doch das Auto wurde erst lange nach Mitternacht an Land gebracht, und da es Sonntag war, gab es keine Leute vom Zoll, die den Wert von Auto und Caravan schätzten, so dass wir die Werft nicht verlassen durften; doch all die Beamten waren sehr höflich und hilfsbereit, und es wurde so arrangiert, dass wir hier im Caravan bleiben konnten, bis wir den Zoll passierten. Leider ist das heute ein allgemeiner Feiertag, Ostermontag, und so müssen wir hier bis morgen früh bleiben. Es ist ärgerlich, auf diese Art und Weise aufgehalten zu werden, doch sind wir auf einem einigermaßen komfortablen Platz und das Wetter ist herrlich. Nach dem Mittagessen werden wir wohl weggehen und die Stadt anschauen, doch können wir das Auto nicht aus dem Freihafen bewegen. Wir müssen also zu Fuß gehen und mehrere Leute anrufen, die ich hier von früher kenne, falls sie überhaupt noch am Leben sind.

„Boschkraal Addo", Südafrika

Wir hatten eine ziemlich raue Fahrt von Kapstadt hierher und ein Gutteil der neuen Passagiere war ziemlich seekrank, doch ich fühlte mich quietschfidel, war aber sehr erleichtert, wieder auf festem Boden zu stehen.

Durchquerung des Addo

Dienstag, 19., und Mittwoch, 20. [April]

Montagnachmittag sind wir nach Port Elizabeth gegangen, haben die Hirschs besucht und blieben zum Abendessen bei ihnen; auch sahen wir ein oder zwei andere Leute, die ich von früher kannte, was ganz spaßig war.

Gestern Morgen verbrachten wir damit, durch den Zoll etc. zu kommen; das war gegen ein Uhr erledigt und wir fuhren ab, kauften einige Würstchen und andere Dinge, kehrten zurück und aßen im Caravan zu Mittag; dann brachen wir zu Onkel Erics Farm nach Addo[95] auf. Es hatte eine ganze Menge geregnet und wir mussten einen ziemlichen Umweg machen. Wir verloren die Straße beim Ort Uitenhage,[96] hatten dann eine Reifenpanne, doch schließlich kamen wir kurz nach Sonnenuntergang in die Nähe der Farm, als wir Onkel Eric und Tante Eva trafen, die uns schon suchten. Kenneth und Michael sind beide weg im Internat, so dass wir sie diesmal nicht gesehen haben.

Die Farm hier ist einfach herrlich, und Du würdest sie lieben; Herden von Tieren und Scharen von Vögeln, und Pferde! Wir sind gerade auf einem Spaziergang gewesen und haben hunderte Orangen- und Grapefruitbäume gesehen, die voller Früchte hängen.

Donnerstag, 21. April

Ich muss diesen Brief heute Nacht beenden, da wir morgen nach Port Elizabeth fahren und ich ihn rechtzeitig absenden will, um noch die Luftpost zu erreichen.

Wir sind heute Nachmittag zum Teetrinken bei Leuten namens Dyke gegangen: sie besitzen eine hübsche Farm etwa 10 Meilen von hier. Als wir dort ankamen, fand dort ein Kinderfest statt und es waren eine Menge kleiner Mädchen da; alle etwa in Deinem Alter, und alle scheinen ihr eigenes Pony zu haben, und wir hatten eine schöne Zeit. Die meisten von ihnen gehen aufs Internat, sind aber in den Osterferien daheim.

Freitag, 22. April, & Samstag, 23. April

Gestern verbrachten wir den ganzen Tag in Port Elizabeth, fuhren hier gleich nach dem Frühstück in Onkel Erics großem Chrysler los. Den Morgen verbrachten wir mit Einkäufen und sind gleich nach dem Mittagessen hinausgefahren an einen Ort, der Schoenmakers heißt, um mit Commander Frances und seiner Frau einen Tee zu trinken. Sie haben dort ein Haus am Meer, und für gewöhnlich wohnen sie hier in der Nähe, doch verbringen sie gerade ihren Urlaub in Schoenmakers.

Am Abend sind wir zurück nach Port Elizabeth gekommen und haben in einem Restaurant gegessen, waren dann im Kino und sind nach Mitternacht hier wieder angelangt.

Ich besichtigte meine alte Schule, das Kollegiat, ging aber nicht hinein; es hat heute viel größere Gebäude und man sagte mir eine gewaltige Zahl von Schülerinnen; jede Schulklasse umfasse durchschnittlich 40 Mädchen.[97]

Heute haben wir einen mehr oder minder ruhigen Tag verlebt und warten gerade auf Leute namens Charlton, die kommen und mit uns einen Sherry im Caravan trinken wollen.

Heute Abend werden wir mit einigen Freunden von Tante Eva essen und in ein Kino in einem Ort namens Kirkwood[98] gehen.

Die meisten Farmersleute hier sind Engländer, und die, die wir bisher so getroffen haben, scheinen wirklich sehr nett zu sein.

Sonntag, 24. April

Auch heute hatten wir wieder einen lustigen Tag: aufgebrochen heute Morgen etwa um 10 Uhr und zum Polofeld gefahren, trafen wir dort eine ganze Reihe Farmer aus dem Tal; offenbar ist hier jedermann sehr gut zu Pferd, und es gab ein großartiges Polospiel; sie haben ein hübsches, kleines Clubhaus, wo wir Tee tranken und uns richtig freuten: alles war so angenehm, der warme wohlige Sonnenschein, jedermann in schönem Sommergewand etc. Alle Kinder, die in den Ferien nach Hause gekommen waren, waren da und schienen so glücklich, und wir wünschten, Du wärest bei uns, denn ich weiß, Du würdest es lieben. Und tatsächlich fangen Daddy und ich an, darüber nachzudenken, dass dies ein idealer Ort zum Leben sein könnte: es ist billig, angenehm und die Leute sind nett. Doch immer noch haben wir vor, hinauf nach Natal[99] zu fahren, um zu sehen, was wir über die Lebensbedingungen dort denken, doch jeder hier erzählt uns, dass dieser Teil der Welt hier nur schwer zu schlagen sein wird.

Als das Polospiel zu Ende war, fuhren wir hoch in die Zuurberg-Berge[100] und genossen dort ein Picknick; dort waren etwa 30 Personen und massenhaft Kinder. Wir hatten ein ausgedehntes Mittagessen und gingen danach spazieren und pflückten Sträuße der schönsten Wildblumen; die Szene war wundervoll und die Sonne war großartig. Dann haben wir Tee getrunken, sind heimgefahren und haben Leute namens Merrywheater auf dem Rückweg besucht; er ist auch ein Marineoffizier im Ruhestand, und Daddy kannte ihn schon, als sie noch zwei kleine Jungs waren; er hat eine 17jährige Tochter, die eine große Reiterin ist und mir von wundervollen Ritten berichtete.

Montag, 25. April & Dienstagmorgen 26. April

Gestern morgen sind wir hinausgefahren, um Leute, die etwa sechs Meilen von hier wohnen, zu besuchen, und am Nachmittag waren Tante Eva und ich in Kirkwood, um ihre Bibliotheksbücher zurückzubringen und einige Einkäufe zu erledigen; am Abend kamen die Dykes und Mrs. Elliot zum Essen und zuvor hatten wir Cocktails im Caravan.

Ich schreibe dies vor dem Caravan, in der Sonne sitzend; es ist sehr angenehm hier, denn wir haben den Caravan ans Flussufer gestellt und einen sehr schönen Blick; auch das Rauschen des Flusses über die Steine ist sehr beruhigend; all unsere Mahlzeiten nehmen wir im Haus ein, das ganz in der Nähe steht, doch wir schlafen im Caravan.

Heute verbringen wir einen ruhigen Tag, um Abend werden einige Leute kommen, um einen Cocktail zu trinken und den Caravan anzuschauen.

Daddy verbringt seine Zeit damit, den Caravan von unten zu überholen, streicht ihn, und er beginnt schon wieder recht adrett auszuschauen.

Mittwoch, 27., Donnerstag, 28., Freitag, 29. & Samstag, 30. [April]

Den Mittwoch verbrachten wir in Port Elizabeth mit Einkäufen und dem Besuch einiger Leute; ich bin auch zum Zahnarzt gegangen, und der hat einen meiner Backenzähne gezogen, was nicht sehr angenehm war. Donnerstag sind wir nach dem Mittagessen mit dem Caravan aufgebrochen, um das Wochenende an einem Ort namens Kouga Mouth zu verbringen – Onkel Eric und Tante Eva sind mit uns gefahren. Wir kamen in Kouga an, fuhren hinunter zum Strand, und was glaubst Du, taten wir? – Wir fuhren und blieben im Sand stecken! Und, um die Sache noch zu verschlimmern, hatten wir keinerlei Hilfsmittel mit, um aus dem Sand zu kommen und hatten dementsprechend furchtbar viel Arbeit damit. Doch schließlich konnten wir uns an einem geschützten Platz niederlassen: es ist herrlich hier! Viele Meilen breiter sandiger Strand und eine herrliche Brandung; wenn man das Wasser weglässt, könnte man sich denken, wieder in der Sahara zu sein.

Gestern, also am Freitag, kamen eine Menge Leute aus dem Tal und verbrachten den Tag bei uns; alle brachten ihr eigenes Essen mit, das wir zusammenstellten und so ein herrliches Picknick arrangierten; einige angelten, einige badeten oder unternahmen lange Spaziergänge. Es war ein angenehmer Tag auch vom Wetter her gesehen. Der Grund dafür, dass es derzeit so viele Picknicks gibt, liegt darin, dass die meisten Kinder die Ferien über zuhause sind, und ich wünschte nur, Du wärest hier, um es ebenfalls zu genießen.

Heute haben wir mit Baden in der Brandung, Spazierengehen, Sonnenbaden und überhaupt damit verbracht, uns zu freuen; Onkel Eric musste letzte Nacht zur Farm zurück und so warten wir jetzt auf seine Rückkehr und hoffen, er möge auch einige Briefe für uns mit dabeihaben.

Mai

Sonntag, 1. Mai

Etwa zur Teezeit sind wir heute Nachmittag von Kouga zurückgekommen; hatten eine ruhige, ereignislose Fahrt ohne irgendwelche Zwischenfälle; die ersten fünf Meilen vom Strand ist die Straße bloß eine sehr raue Piste, dann die nächsten 35 oder 40 Meilen eine herrliche Teerstraße, doch von Addo bis hier ist die Straße nicht sehr gut: zwar insgesamt eine gute Straßendecke, doch sehr staubig, und der Platz hier ist etwa 15 Meilen von Addo entfernt.

Wir haben alle heute Morgen in der Brandung gebadet und haben Kouga erst nach dem Mittagessen verlassen. Onkel Eric ist letzte Nacht mit einigen Briefen für uns wiedergekommen, darunter auch einer von Dir und einer von Oma, über die ich höchst erfreut war.

Montag, 2. Mai & Dienstag, 3. Mai

Gestern haben wir nicht allzu viel gemacht. Einige Leute, ein Oberst Pomeroy samt Frau, kamen nachmittags zum Tee und, nachdem sie gegangen waren, machten wir einen Spaziergang. Am Abend spielten wir etwas Bridge.

Heute haben wir eine Menge Post erledigt bekommen, und heute Abend kommen einige Leute aus Kirkwood zum Essen.

Auch warten wir auf eine neue Anhängerkupplung, die aus England kommen soll, und, sobald sie da ist, werden wir zu unserer Tour nach Natal aufbrechen.

Mittwoch, 4. Mai

Den ganzen Tag haben wir heute in Port Elizabeth verbracht: ich war beim Zahnarzt und bekam einige Zähne gefüllt, und am Nachmittag waren wir im Kino und sahen „Ein Yankee in Oxford",[101] einen sehr amüsanten und sehr guten Film.

Donnerstag, 5. Mai & Freitag, 6. Mai

Unsere neue Anhängerkupplung ist da und wir werden wohl morgen mit unseren Wanderfahrten weitermachen; wir fahren Richtung Natal und werden unterwegs mehrere Mädchenschulen anschauen.

Gestern haben wir nicht sehr viel unternommen: am Nachmittag sind wir hinübergegangen, um einen Sherry mit Leuten namens van Breda zu trinken; sie haben sich gerade ein wunderschönes Haus selbst gebaut, an dem Daddy sehr interessiert war, und gestalten nun einen netten Garten; hier gedeiht alles so schnell, dass es immer wie ein fertiger Garten ausschaut.

Heute haben wir das Auto, den Caravan und uns selbst für die Fahrt fertig gemacht; heute Nachmittag sind wir nach Kirkwood zum Einkaufen gefahren und besuchten auf dem Rückweg Oberst Pomeroy und seine Frau. Sie bricht nächste Woche nach England auf und kommt hierher, wenn sie England am 19. August verlässt, am 14. September zurück, und hat sich äußerst netterweise angeboten, Dich mitzunehmen. Wir glauben, dass diese Gelegenheit der Himmel schickt, und so habe ich Oma geschrieben und Opa gebeten, alles zu arrangieren und für Dich in Athlone Castle eine Passage zu buchen.

Samstag, 7. Mai

Jetzt sind wir wieder auf der Straße: wir haben Bosch Kraal nach dem Mittagessen verlassen und, nachdem wir auf dem Weg einige Einkäufe getätigt hatten, campen wir nun etwa 20 Meilen von Grahamstown[102] entfernt auf einem entzückenden Platz: ziemlich hoch oben in recht buschigem Gebiet auf einem schönen, rasenähnlichen und frühlingsgrünen Grasplatz. Wir sind durch sehr schöne Landschaften gefahren, meist Buschland, doch manchmal meilenweit saftiges Weideland, das aussah wie die Ebene von Salisbury. Die Straßen waren ziemlich gut, obschon manchmal etwas staubig, doch nachdem wir auf der Hauptstraße von Port Elizabeth nach Grahamstown waren, war es richtig gut: nicht geteert zwar, aber ein Belag wie auf einem Rollfeld mit nur sehr wenig Staub.

Es würde Dich amüsieren, die Eingeborenen hier herum anzusehen: sie bemalen ihre Gesichter mit rotem Lehm und tragen zumeist nicht mehr als eine rote Decke um ihre Hüften; manchmal haben die Männer gar nichts an, außer einem Überzug aus weißem und rotem Lehm, doch glaube ich, dass sie, wenn sie in die Städte gehen, wohl einige Kleidungsstücke tragen. Sie leben in kleinen, strohgedeckten Rundhütten; einer der schönsten Blicke, die wir heute Nachmittag hatten, galt zweien oder dreien dieser aus rotem Lehm oder Ton gebauten Hütten, die inmitten eines Meeres malvenfarbiger Blumen standen (einer kleinen Irisart), und ein paar weiße Pferde grasten in der Nähe. Es war kurz vor Sonnenuntergang und die Farben waren hinreißend. Wir werden nicht vor morgen Nachmittag nach Grahamstown gehen, da uns eine Tante von Onkel Eric zum Tee eingeladen hat und uns die Diözesanschule für Mädchen dort zeigen will; ich denke, Du hast uns davon als „D.S.G."[103] reden gehört.

Jetzt muss ich aber mit dem Abendessen anfangen, denn wir wollen mit unserer Sahararoutine weitermachen: „Früh zu Bett, früh auf!"

Sonntag, 8. Mai

Wir hatten zu Mittag gegessen, bevor wir nach Grahamstown fuhren und sind dort etwa um 14.00 Uhr angekommen. Wir fuhren durch eine sehr schöne Landschaft auf dem Weg dorthin und wir beide hielten Grahamstown für eine sehr hübsch angelegte und sauber dreinschauende Stadt. Mrs. van de Riet, Onkel Erics Tante, war sehr nett und hat mit dem Sekretariat der D.S.G. vereinbart, dass jemand da ist und uns herumführt, da die Schule wegen der Ferienzeit jetzt eigentlich geschlossen ist. Uns beiden gefiel sie sehr, und ich glaube, sie würde auch Dir gefallen; es gibt ein nettes Schwimmbad draußen, sieben Tennisplätze und ziemlich schöne Spielplätze.

Wir waren zum Tee bei Mrs. van de Riet, verließen sie nicht vor 18 Uhr und campen nun wieder auf einem wundervollen Grasplatz nahe der Straße. Das meiste Land ringsum ist fruchtbares Weideland mit einer Anzahl kleinerer Bäche, die es zu einem wunderbaren Campingland machen.

Montag, 9. Mai

Viele Meilen haben wir heute nicht zurückgelegt, da wir an einer Farm etwas außerhalb von Fort Beaufort[104] vorbeigefahren sind, die Leuten namens Roberts gehört, die ich von früher kannte; ich war zusammen mit Mrs. Roberts auf der Schule; so hielten wir und besuchten sie, sie baten uns, zum Mittagessen zu bleiben und zeigten uns hinterher die ganze Farm. Es ist ein wundervoller Fleck mit tausenden Orangenbäumen, und sie halten auch Rinder und Schafe, und Daddy gefiel es, alles anzuschauen. Wir brachen nach dem Tee auf, befinden uns nun zu Füßen der Winterberge und haben vor, morgen sehr früh aufzubrechen und eine ordentliche Strecke zurückzulegen.

Dienstag, 10. Mai

Sehr früh heute Morgen aufgebrochen, haben wir 182 Meilen geschafft, auf ganz hervorragenden Straßen, mit Ausnahme von der, bei der wir den falschen Abzweig nahmen und 25 Meilen auf nicht so guter Straße fuhren. Wir begannen mit der Auffahrt auf den Kalberg, dessen Pass 5.290 Fuß hoch liegt. Leider waren wir die meiste Zeit in den Wolken und konnten nicht allzu viel sehen, doch immer wieder kamen wir in eine klare Lücke, und dann war der Blick einfach nur grandios; dann kamen wir durch Queenstown, dann über den Großen Kei-Fluss in das Transkei-Eingeborenenterritorium[105], das höchst interessant ist: nichts als runde Eingeborenenhütten überall und all die Eingeborenen mit ihren roten Tüchern bekleidet, und nur gelegentlich kam man an einer Handelsstation vorbei, wo ein weißer Mann mit seiner Familie lebte. Wir fuhren durch die Dörfer Cofimvaba und Engcobo und sind jetzt auf dem Weg nach Umtata[106], dem Ende des Eingeborenenterritoriums.

Heute steht der Caravan an einem kleinen Fluss 12 Meilen östlich von Engcobo; wir hatten zwar gehofft, heute mehr Meilen zu schaffen, doch der Anstieg am Kalberg ging nur sehr langsam, da es sehr steil war und man sehr vorsichtig die Haarnadelkurven fahren musste.

Mittwoch, 11. Mai

Heute scheinen wir geradezu auf dem Gipfel der Welt zu sein! – wir haben den wundervollsten und schönsten Blick ringsum hinunter auf die Spitzen von zahlreichen Bergreihen und Hügelketten. Wir hatten zwar gehofft, heute die 200 Meilen-Grenze zu schaffen, doch hatten wir soviel Rauf und Runter in den Bergen und hunderte von Haarnadelkurven, dass wir nur Meile um Meile im Kriechtempo, wobei die Strecke unbeschreiblich großartig war, schafften, und so schafften wir nur 153 Meilen, doch halten wir das nicht für schlecht. Jetzt sind wir 180 Meilen von Durban107 entfernt und momentan, zwischen den zwei kleinen Städten Lusikisiki und Flagstaff, haben die Höhenstraßen aufgehört. Heute sind wir durch Umtata gekommen und, als es noch etwa fünf Meilen bis Port St. Johns waren, mussten wir den Umzimvubu auf einem Ponton überqueren: das Ponton wurde von Eingeborenen hinübergezogen, die an einem über den Fluss gespannten Seil zogen; Umzimvubu heißt „Heimat der Nilpferde", doch sind jetzt keine Nilpferde da.

Wir entdeckten, dass Umtata nicht das Ende des Eingeborenenterritoriums ist, denn wir sind noch immer darin.

Donnerstag, 12. Mai

Haben bis jetzt Durban noch nicht erreicht, doch ist es nur noch 50 Meilen weit und wir campen heute Nacht nahe am Meer bei einem Ort namens Imfata: ein ziemlich hübscher Strand, doch können wir nicht sehr nahe heran.

Wir dachten schon, dass die Bergstrecken seit letzter Nacht vorbei wären, doch auch heute war es kaum anders, und dies vermindert leider die zurückgelegte Meilenzahl erheblich, und so sind wir rasch zu dem Schluss gekommen, dass Natal überhaupt kein caravanfreundliches Land ist.

Bananen und all diese Tropenfrüchte wachsen hier in Hülle und Fülle, und manchmal kamen wir durch ziemlich dschungelartige Landstriche, so etwa nach Port Shepstone hinter einem Ort namens Bizana. Das ganze Land an der Küste ist Meile für Meile gesäumt mit Zuckerrohr, und Natal ist ein Zuckerproduzent von Weltgeltung.

Freitag, 13. Mai

Wir campen wieder einmal am Meer; diesmal aber recht nah am Strand, und etwa 7 Meilen von Durban entfernt. Wir hatten große Schwierigkeiten, einen Campingplatz zu finden, denn wo auch immer das Land nicht bebaut war, gab es dichtes Buschwerk oder Zuckerrohr, doch schließlich fanden wir jemanden, der uns hierher führte: es heißt Brighton Beach, und wir stehen allein auf einem hübschen Stück Privatgrund. Wir hatten ein angenehmes Bad genommen, gleich nachdem wir uns hier niederließen, und wollen morgen nach Durban fahren, um einige Freunde von Daddy zu besuchen, die er aus der Zeit kennt, als er hier auf der „Calcutta" war: Richter Carlysle und Frau; danach werden wir wahrscheinlich weiterziehen, da wir diese Gegend für Caravans nicht gerade für geeignet halten und auch glauben, dass es ein zu heißer Ort ist, um dort zu leben: es ist jetzt Winter, und wir beide empfanden es heute sehr schwül, doch man erzählte uns, dass die Sommer furchtbar seien, und so bin ich ganz sicher, es nicht zu mögen. Wir glauben, dass wir uns besser in der Kapgegend umschauen sollten, weil das Klima dort gut ist. Wir mochten Grahamstown, glauben aber, dass es dort nicht genug Leute gibt, die Caravans kaufen würden, und dasselbe gilt auch für Port Elizabeth. Wir hoffen, bei den Carlysles Post vorzufinden, da wir sie zu ihnen haben leiten lassen.

Samstag, 14. Mai & Sonntag, 15. Mai

Den gestrigen Tag verbrachten wir in Durban: wir fuhren am Morgen hin, kauften ein und machten Besichtigungen. Durban ist eine wunderschöne Stadt, schaut so sauber aus und alle Leute sehen so hübsch aus. Um 12.30 Uhr sind wir dann zu den Carlysles gefahren, die in Berea wohnen, der höher gelegenen Wohnstadt von Durban; sie haben ein sehr hübsches Haus mit Garten und einen wundervollen Blick auf die Stadt und aufs Meer; die Familie hat eine erwachsene Tochter und einen Sohn, der soeben aus Cambridge zurückgekommen ist und jetzt Anwalt ist.

Den Rest des Tages verbrachten wir mit ihnen: blieben zu einem Tennisturnier und auch noch zum Abendessen. Heute Nacht sind wir etwa 5.000 Fuß höher als gestern, zwischen Colenso und Ladysmith, und mitten in eines Farmers Weideland. Wir sind durch ein Tor hineingekommen, und da wir meilenweit herum kein Haus sehen konnten, kümmerten wir uns nicht darum, um Erlaubnis zu fragen.

Ich denke, Du hast von Colenso, am Tugela Fluß, und auch von Ladysmith gehört, beides Orte, an denen während der Burenkriege Schlachten stattfanden.[108] Die Engländer verloren hier eine große Anzahl Soldaten, doch schließlich gelang es ihnen, die Buren zu vertreiben.

Wir glauben beide, dass es sich im Umfeld von Durban höchst angenehm leben ließe, doch leider gibt es für Daddy hier keine Arbeit, so dass wir widerwillig die Idee, uns in Natal anzusiedeln, fallen lassen. Wir sind an der St. Ann's Schule vorbeigekommen, die sehr hoch auf einem der höchsten umgebenden Hügel liegt, gingen aber nicht hinein, denn wenn wir uns am Kap niederlassen, wollen wir Dich nicht so weit fortschicken.

Die heutige Fahrt war insgesamt sehr gut: bis etwa 100 Meilen außerhalb von Durban war es geteert, sehr angenehm und sehr schön hergerichtet.

Momentan sind wir auf der Hauptstraße von Durban nach Johannesburg, und wir wollen weiterfahren und Johannesburg einen Besuch abstatten, aber auch abwarten und schauen, wie es sich entwickelt, wenn wir näher herankommen. Wir reisen über diese Johannesburgstrecke, da wir nicht noch einmal über die Bergstrecken durch Transkei wollen, und die einzige Alternative durch den Süden des Basutolandes und über die Drakensberge ist so schlecht, dass alle uns zu diesem Weg rieten, auch weil wir viel weniger Meilen zu fahren hätten und die Straßen durch den Freistaat[109] gut wären.

Montag, 16. Mai

Wir sind heute durch Ladysmith, Harrismith und Warden gefahren und sind jetzt nahe einer Stadt namens Reitz. Gute Straßen hatten wir meistenteils, zwar nicht geteert, aber wir haben 150 Meilen geschafft. Leider hatten wir zwei Reifenpannen: Nach der ersten montierte Daddy einen neuen Innenschlauch, den wir in El Golëa gekauft hatten und den wir einmal durch die Wüste und zurück geschleppt hatten, und ich glaube, dass er nicht in Ordnung war, da er nur 10 Minuten, nachdem wir wieder losgefahren waren, riss.

Wir sind jetzt im Freistaat und die Straßen sind hundertmal besser als in Natal, doch haben wir uns entschlossen, nicht nach Johannesburg zu fahren, da wir es jetzt an der Zeit finden, umzukehren und uns niederzulassen, um unser neues Zuhause zu finden.

Wir kamen über den Van Renen-Pass, der 5.400 Fuß hoch ist, und trafen auf drei große Schafherden, die über die Straße getrieben wurden, gerade als wir zum Gipfel kamen, doch es war eine ziemlich breite Straße und wir konnten ohne großes Aufhebens durchkommen.

Dienstag, 17. Mai

Heute hatten wir hübsche Straßen, auf denen wir reisten, doch vielleicht auch ein wenig monoton: Meile um Meile über eine weite Ebene, auf der es nichts als Rinder und Schafe gab, und gelegentlich ein Farmhaus; sie war überall voll von diesem langen, trockenen Gras und Weizen, der auch schon so trocken war, dass er fast hinüber war. Wir kamen durch die Städte Reitz, Lindley, Senekal, Winburg und Brandford, und jetzt sind wir auf der Hauptstraße von Johannesburg zum Kap und etwa 30 Meilen von Bloemfontein. In der Tat ist es heute recht kühl, doch wird es wohl wärmer werden, wenn wir weiter hinunter kommen. Als wir gegen 6.30 Uhr heute Morgen startbereit waren, entdeckten wir, dass unser kaputter Reifen erneut platt war und Daddy musste die Löcher erneut reparieren. Es ist schon seltsam, dass wenn einer mit den Platten anfängt, die anderen weitermachen. Doch hatten wir danach keine Schwierigkeiten mehr und am Ende des Tages hatten wir 170 Meilen geschafft.

Mittwoch, 18. Mai

Nichts zu schreiben heute. Leider hatten wir wieder zwei platte Reifen, so dass Daddy sich durchrang, dass wir einen neuen Reifen bräuchten, denn der eine, der immer Schwierigkeiten macht, war schon recht alt und verschlissen.

Wir verbrachten lange Zeit in Bloemfontain und sind jetzt in der Nähe von Springfontain: es waren viele Autos auf der Straße heute, da Wahltag ist und jedermann zur Stimmabgabe unterwegs ist.

Es ist sehr kalt heute Abend, aber es ist ein herrlicher Tag: kalt, aber ein ruhiger Tag mit herrlichstem Sonnenschein. Diese Nacht wird es wohl ziemlichen Frost geben, was beim morgendlichen Aufstehen nicht so schön ist.

Donnerstag, 19. Mai

Heute hatten wir keine Probleme und sind jetzt etwas nördlich von Cradock. Wir sind nicht sehr früh heute Morgen aufgebrochen, da es in der Nacht arg gefroren hatte und es uns angenehmer war, auf die Straße zu kommen, wenn die Sonne bereits schien.

Es ist jetzt viel wärmer und wieder ziemlich mild, daher glaube ich, dass wir erheblich tiefer sind als letzte Nacht, vielleicht 700 Fuß, was meines Erachtens eine ziemliche Differenz ausmacht. Wir fahren zurück nach Addo, um unsere Sachen, die wir dort ließen, einzusammeln und nach ein oder zwei Tagen dort wollen wir weiter nach Somerset West, um eine Weile auf Onkel Shakes' Farm zu bleiben und uns einen Überblick über diesen Teil der Welt zu verschaffen.

Wir sind den ganzen Tag durch die Karoo[110] gefahren und haben heute Vormittag den Orange River gekreuzt. Die Karoo ist eine Landschaft, die vollkommen durch einen kleinen, trockenen Busch namens Karoo geprägt ist und in der Rinder und Schafe leben. Es gibt in diesem Teil Südafrikas überall gewaltige Schaffarmen.[111]

Wir kamen durch Springfontein, Bethulie, Venterstad, Steynsburg und Hofmeyr und sind jetzt zurück in der Ostprovinz.[112] Wir befinden uns heute Abend auf den Zuurberg-Bergen, campen etwa auf halber Höhe und werden morgen nach Addo kommen, wohin es noch etwa 40 Meilen sind.

Hatten einen ganz gewöhnlichen Tag ohne Probleme und auf ganz passablen Straßen; als wir durch Cradock kamen, hielten wir an, kauften etwas ein, dann weiter über Cookhouse und Somerset East.

Heute Vormittag fuhren wir durch einen Heuschreckenschwarm; kein sehr großer, doch immerhin einige tausende von ihnen. Wir haben den Karoo verlassen und sind wieder in angenehm fruchtbarer Landschaft mit weiten Strecken von Buschland hier wie dort. Wir hielten heute Nachmittag am Ufer eines Flusses, um Tee zu trinken, und da der Fluss mehrere Wasserbecken hatte, entschied sich Daddy für ein Bad. Die meisten Flüsse, denen wir in letzter Zeit begegneten, waren absolut knochentrocken.

Es gibt hier zahlreiche Orte, in denen ich als kleines Mädchen lebte und die ich gern angeschaut hätte, doch wir haben keine Zeit zu verlieren. Wir hatten zwar auf unserem Weg Richtung Natal überlegt, Dordrecht anzufahren, mussten aber feststellen, dass die Straßen dorthin sehr schlecht und fürchterlich bergig waren, so dass wir darauf verzichteten. Auch einen anderen Ort, Middelburg, hätte ich gern gesehen, aber das hätte weitere hundert Meilen bedeutet und, da wir begierig darauf sind, uns selbst wo niederzulassen nach all dem Umherwandern, beschlossen wir, auch dies auszulassen.

Es ist viel wärmer jetzt und wir haben auch wieder milde, angenehme Nächte.

Samstag, 21. Mai. & Sonntag, 22. Mai

Wir sind gestern um 16.00 Uhr in Bosch Kraal angekommen, nachdem wir den Vormittag auf dem Gipfel des Zuurberges verbrachten. Es war so angenehm dort oben, dass Daddy all die Arbeiten an Auto und Caravan, wie etwa das Abschmieren etc., dort oben erledigen wollte. Es gab eine lange, kurvenreiche Straße den Berg hinunter, doch insgesamt eine gute Straße.

Am Abend gingen wir dann nach Kirkwood ins Kino mit Tante Eva und Onkel Eric. Heute halten wir unseren gewöhnlichen Hausputz; heute Morgen kamen uns Oberst Pomeroy und eine seiner Cousinen, eine Mrs. Howe, die hier aus England zu Besuch ist, besuchen und heute Nachmittag gingen wir alle zum Tee zu Leuten namens Charlton, die eine wunderschöne Farm mit einem sehr schönen Haus und Garten haben; sie wohnen auf der anderen Flussseite, etwa 1 1/2 Meilen entfernt, so dass wir dahin spazierten. Wir erfuhren, dass der Heuschreckenschwarm, von dem ich sprach, entweder das Ende oder die Spitze des gewaltigen Schwarmes war, der im Bezirk Middelburg großen Schaden verursacht hatte, und der Regierungsexperte in Heuschreckenfragen ist jetzt dort, um etwas zu ihrer Bekämpfung zu unternehmen. Heute Morgen, als wir im Caravan Tee tranken, kam plötzlich eine große Schar Kormorane daher und ließ sich am Fluss nieder, dann organisierten sie sich zu einer geraden Linie und begannen flussaufwärts zu tauchen und Fische zu fangen; es war sehr spannend, ihnen zuzuschauen, und es war eine sehr kluge und gut arrangierte Vorstellung von ihnen.

Montag, 23. Mai, Dienstag, 24. Mai, Mittwoch, 25. Mai

Wir sind wieder auf der Strecke. Tut mir leid, dass ich in den letzten Tagen nicht geschrieben habe, aber es gab gar nichts zu schreiben; nur langweilige Teeparties etc.

Heute Morgen verließen wir Bosch Kraal nach dem Frühstück und fuhren nach Port Elizabeth und, nachdem wir da einige Geschäftsangelegenheiten erledigt und einige Einkäufe getätigt hatten, aßen wir zu Mittag und brachen dann zu unserer Reise zum Kap auf. Auf dem Weg von Port Elizabeth besuchten wir Dolly Hirsch, um „Auf Wiedersehen" zu sagen, doch leider war sie an diesem Tag unterwegs.

Jetzt sind wir einige Meilen vor einer Stadt namens Humansdorp und hatten eine sehr schöne Fahrt und insoweit auch eine sehr gute Straße hierher. Die Strecke von Port Elizabeth zum Kap gilt als eine der schönsten in der Welt wegen ihres Panoramas und ist bekannt als „Gartenstraße".[113] Wir sind dem Meer heute Abend recht nahe, und man kann die Brandung heranrauschen hören. Wir hatten zwar gedacht, direkt an den Strand zu kommen, doch ist er ziemlich ab von der Strecke und die Mühe kaum wert, denn wir wollen schon mit den ersten Sonnenstrahlen morgen früh wieder aufbrechen.

Ich hoffe, ich verpasste letzte Woche nicht die Post, als ich meine Briefe in Cradock aufgab, denn ich bin ziemlich ärgerlich, da ich Tante Eva einen Brief geschrieben hatte, um ihr mitzuteilen, dass wir ankommen, der dann zwei Tage nach unserer Ankunft ankam.

Donnerstag, 26. Mai

Wir haben heute Morgen leider verschlafen, oder besser, ich, und Daddy wacht nie auf, wenn ich nicht aufstehe; und so sind wir nicht vor 8 Uhr auf der Strecke gewesen und haben nicht so viel geschafft, wie wir gehofft hatten: nur 140 Meilen. Die Straße war recht mittelmäßig und manchmal sogar ziemlich wellig; wir sind über die so genannte Long Kloof-Straße gefahren, denn die andere, die durch die Tzitzikama-Berge führt und eines der großartigsten Panoramen bietet, ist sehr kurvenreich, steil und hat 10 Pässe. Diese hat nur einen, und man empfahl uns mit einem Caravan im Schlepp diese Straße, auch weil heute ein allgemeiner Feiertag sei und viele Ausflugsautos und -busse unterwegs seien.

Wir sind heute nur durch eine echte Stadt, Humansdorp, gekommen, und morgen starten wir über den Montagnepass nach Mossel Bay.

Auch mussten wir durch eine Menge Gatter fahren, an denen die Kinder für das Öffnen sammeln; ich opferte eine große Menge Lutscher, die wir bei der Durchfahrt ausgaben.

Wir hatten außerdem einen Platten, der uns einen Gutteil unserer Fahrzeit kostete.

Freitag, 27. Mai

Wir sind heute Morgen sehr früh aufgebrochen, doch nach 20 Meilen hatten wir wieder einen Platten; unsere armen alten Reifen werden leider ziemlich müde und wir glauben, dass liegt daran, dass wir im Sand der Sahara so häufig auf abgelassenen Reifen gefahren sind: die Flanken der Außenreifen beginnen zu reißen und dies reibt am Innenschlauch und lässt ihn die Luft nicht halten. Doch investierten wir in einen weiteren neuen Reifen in Mossel Bay und hoffen, nun keine Probleme mehr zu haben. Wir hatten eine angenehme Fahrt heute: ein herrliches Panorama und ein wundervoller Tag. Als wir über den Motagnepass kamen, sahen wir überall herrlichstes Heideland; in Mossel Bay hielten wir und aßen mit einigen alten Freunden von mir zu Mittag, Leuten namens Holtzmann, und gegen 15 Uhr sind wir weitergefahren.

Die Straße ist jetzt sehr gut und wir können recht schnell fahren, und das meiste Land ist jetzt sehr grün, da wir meilenweit durch frisch gepflanztes Korn- und Weideland fahren, das jetzt überall sprießt. Mit den sauber ausschauenden, geweißelten Häusern und ihren strohgedeckten Dächern und den blauen Bergen ringsum sieht alles wunderschön aus und da auch noch die Straße sehr viel besser ist, merken wir, dass wir dem möglichen Caravanland immer näher kommen.

Hier wachsen alle Arten Wildblumen und Arumlilien in Massen.

Samstag, 28. Mai & Sonntag, 29. Mai

Seit wir hier sind, scheinen wir nur Besucher gehabt zu haben! Angekommen gestern Nachmittag zur Teezeit nach einer sehr angenehmen Fahrt über Heidelberg, Swellendam, Caledon und Elgin haben wir uns nun auf einem herrlichen Fleckchen an den Ufern des Eerste Flusses ganz in der Nähe von Onkel Shakes' Haus niedergelassen. Heute früh waren eine ganze Menge Leute bei Onkel Shakes zu Besuch und am Nachmittag sind wir hinüber gegangen, um einen neues Haus zu besichtigen, das Leute namens Backs gerade bauen und tranken dann Tee bei ihnen; Mrs. Backs ist eine große Reiterin und hat drei hübsche Pferde auf einer Koppel nahe dem Haus.

Dann sind wir gegen Sonnenuntergang hierher zurückgekehrt und Mrs. Aylmer und eine ihrer Freundinnen kamen auf einen Sherry in den Caravan.

Montag, 30. Mai

Hatten wieder einen ziemlich geschäftigen Tag: Heute Morgen fuhren wir an einen Ort namens „Pearl Valley", oder „Parel Vallei" in Holländisch. Es ist ein wundervoller Landsitz, der Leuten namens Hendrickson gehört.[114] Er ist schon recht alt und gehörte früher einem der van de Stels; ich weiß nicht, ob Du die Geschichte von Kapstadt kennst, aber van de Stel war einer der ersten Gouverneure am Kap.[115] Das Haus, ein bezauberndes holländisches Kaphaus, ist vor drei Jahren abgebrannt und die heutigen Besitzer haben es so gut wie möglich nachgebaut, und haben das wirklich gut gemacht. Doch um die lange Geschichte etwas abzukürzen: auf diesem Landsitz gibt es ein kleines Haus, das die Hendricksons uns überlassen wollen, wenn wir uns dafür entscheiden sollten, hier zu bleiben; es hat eine wunderbare Lage und man kann von dort über das Meer nach Muizenberg und Simon's Town schauen. Es ist zwar momentan in schlechtem Zustand, doch Daddy meint, dass wir das recht schnell richten können. Auch glauben wir, dass dies der beste Platz für den Caravanbau ist, und wenn wir das Haus für ein Jahr nehmen, könnten wir ein oder zwei Caravans bauen, und wenn sich dann herausstellt, dass Caravans sich hier draußen nicht gut verkaufen lassen, sind wir an nichts gebunden und können unsere Pläne umbauen ohne unseren Geldbeutel allzu sehr zu belasten; andererseits, wenn sich die Caravans verkaufen lassen, dann können wir uns umschauen und ein hübsches Grundstück kaufen und selber ein Haus bauen. Dies ist ein entzückender Teil vom Kapland und ich denke, dass auch Du es mögen wirst; und ich denke, wir werden in der Lage sein, uns das Dir versprochene Pony zu leisten.

Heute Nachmittag kamen uns Mr. Mosley und Frau besuchen; sie wohnen in einem Hotel in Somerset West und wir kennen sie schon seit langem; und in der Tat wohnen hier alle möglichen Leute, die wir von früher kennen und alle sagen, dass man hier leben müsse, und es ist wirklich ganz wunderbar hier: herrliches Panorama, herrlicher Sonnenschein, das Meer nur 30 Meilen entfernt und nach Kapstadt sind es etwa 30 Meilen und eine gute Teerstraße dorthin.

Juni

Mittwoch, 1. Juni & Donnerstag, 2. Juni

Immer scheint es so viel zu tun zu geben und schau hier, dass ich nicht einmal genug Zeit finde, mein Tagebuch zu schreiben.

Dienstag aßen wir zu Mittag mit Mrs. Aylmer und am Nachmittag fuhren wir hinaus ins Idatal bei Stellenbosch und tranken Tee bei Leuten namens Glennie, die ein kleines Haus mit einem großen Grundstück besitzen, das sie verkaufen oder vermieten wollen. Es war zwar ein schöner Platz, doch wollen wir lieber hier bleiben. Auf dem Rückweg waren wir zum Sherry bei den Moseleys. Gestern waren wir in Kapstadt und haben uns die St. Cypriansschule angeschaut: wirklich sehr schön und viel besser als die D.S.G., und wahrscheinlich werden wir Dich dorthin schicken; Tante May und Daphne waren auf der St. Cyprians, doch als sie dorthin gingen, war sie direkt in Kapstadt, heute ist sie an einem großen Platz außerhalb von Kapstadt direkt am Fuß des Tafelbergs; 360 Mädchen gehen dorthin und etwa 100 sind dort im Internat.

Dann gingen wir Mrs. Tennant besuchen; sie reist morgen nach England ab und wird auch Tante Gwynneth und Tante Margot besuchen und in etwa sechs Monaten zurückkommen.

Am Abend sind wir auf eine Partie Bridge bei Mrs. Aylmer gewesen und trafen mehrere Leute, die auch hier leben. Heute Morgen haben wir Tee mit Mrs. Ford getrunken und heute Abend findet eine Theaterprobe statt und wir werden noch mehr Leute treffen.

Freitag, 3. Juni & Samstag, 4. Juni

Es ist kaum zu glauben, dass wir eine Woche hier sind – die Zeit ist einfach nur so verflogen.

Gestern verbrachten wir die meiste Zeit hier; gingen morgens nach Somerset West, kauften ein und am Nachmittag kamen Freunde von Onkel Shakes; ich habe noch nie einen Ort wie diesen gekannt, an dem Leute aus allen

COMMANDER C. D. O. SHAKE-SPEAR has gipsy guests staying on his farm at Somerset West this week—Captain and Mrs. T. G. Harrison, who are gipsies by virtue of the fact that they live in a caravan and have led a nomad existence for the past year.

Captain and Mrs. Harrison have a great many friends in the Union (he was on the Africa Station from 1928 to 1931 as Commander of the Flagship "Calcutta"), and she was Miss Kathleen Graham-Green, eldest daughter of Mr. E. Graham-Green, Resident Magistrate at Simon's Town for several years.

Since his retirement from the Navy about a year ago Captain Harrison, accompanied by his wife, has been touring the European Continent and Africa in a caravan which he made himself, and which led them both into many exciting experiences. Perhaps the most thrilling was the three months they spent in the Sahara Desert, stranded as a result of a mechanical breakdown in their car.

For six weeks this adventurous couple lived at Tamanrasset, an oasis in the Desert, literally 300 miles from anywhere, and where their menus three times a day consisted of camel meat and dried beans.

Their caravan, which has travelled nearly 9,000 miles, is most luxurious, and in spite of having been abandoned in the desert for six weeks, bumped through "oulds" and over sand dunes in a country where no motor caravan has ever travelled before, it is still in perfect condition.

Captain and Mrs. Harrison are now back at the Cape, and looking for a final resting place to settle on in the Western Province.

gue's exhibition (left to right): . Gibbs and Mr. Mitford Bar- the painter, Mr. McCulloch pened on Wednesday morning.

Himmelsrichtungen auftauchen; nach dem Tee haben wir dann Leute namens Hawke besucht; auch Mrs. Hawke ist eine Freundin aus meiner Jugend.

Heute Morgen hatten wir die Lawrensons zum Tee im Caravan; sie ist die Tochter von Mrs. Moseley und hat eine kleine sechsjährige Tochter; Shakes kam zu Mittag zu uns, und dann tauchte auch Mrs. Hely Hutchinson auf; sie ist soeben aus England gekommen, und ich kenne sie schon seit Jahren, und soeben sind zwei Leute, die ich nicht kenne, mit einem großen Auto vor Onkel Shakes' Haustür aufgetaucht.

Commander C. D. O. Shakespear hat Zigeunergäste, die diese Woche auf seiner Farm bei Somerset West sind: Kapitän Harrison und Frau, die deswegen Zigeuner sind, weil sie in einem Caravan leben und im letzten Jahr ein Nomadendasein geführt haben.

Kapitän Harrison und Frau haben zahlreiche Freunde im Staat, denn er war während seiner Dienstzeit in Afrika von 1928 bis 1931 Kommandant des Kriegsschiffes „Calcutta" und sie war Miss Kathleen Graham-Green, älteste Tochter von E. Graham-Green, mehrere Jahre Friedensrichter in Simon's Town.

Seit seinem Abschied von der Marine vor etwa einem Jahr hat Kapitän Harrison in Begleitung seiner Frau Europa und Afrika in einem selbstgebauten Caravan bereist, der die beiden zu außerordentlichen Abenteuern führte. Das vielleicht Aufregendste waren die drei Monate, die sie in der Saharawüste verbrachten, festsitzend wegen eines Defektes ihres Autos.

Sechs Wochen lebte das Abenteurerehepaar in Tamanrasset, einer Oase mitten in der Wüste, 300 Meilen entfernt von allem, und ihre Mahlzeiten bestanden dreimal am Tag aus Kamelfleisch und getrockneten Bohnen.

Ihr Caravan, der etwa 9.000 Meilen gefahren wurde, ist äußerst luxuriös und, obschon sie sechs Wochen abgeschnitten in der Wüste waren und durch Wadis und über Sanddünen in eine Gegend holperten, die nie zuvor mit einem Caravan bereist wurde, immer noch in allerbestem Zustand.

Kapitän Harrison und Frau sind nun zurück am Kap und auf der Suche nach einem Platz, um sich in der westlichen Provinz[116] niederzulassen.[117]

In der „Cape Times" gab es heute eine ziemlich amüsante Glosse über uns; ich werde sie Dir zu lesen schicken, wenn ich den Brief Ende der Woche aufgebe.

Heute Abend gehen Onkel Shakes, Daddy und ich zum „Strand" zu einem Film, und ich denke zu einem sehr guten, den Film meine ich, nicht das Kino, das glaube ich, ist ziemlich gut, und wir dachten schon, damit unseren Hochzeitstag zu begehen, doch war der gestern. Wir sind nun schon achtzehn Jahre verheiratet!

Sonntag, 5. Juni & Montag, 6. Juni

Samstag Abend sind wir nun doch nicht zum „Strand" gegangen, haben aber gehört, es gebe einen sehr guten Film mit Diana Durbanne[118] in Stellenbosch, so dass wir dahin gegangen sind und es sehr genossen haben.

Gestern hatten wir einen ziemlich faulen Tag: langweilige Leute kamen zu Besuch bei Onkel Shakes und natürlich auch zum Caravan, und am Abend kamen einige Leute auf einen Sherry zu uns.

Heute Nacht campen wir neben dem kleinen Haus, von dem ich Dir erzählte, dass es den Hendricksons gehört,[119] denn wir haben uns entschieden, es zu nehmen, aufzuarbeiten und ein Jahr darin zu leben und zu sehen, wie sich die Dinge hier mit der Zeit entwickeln. Es ist zwar klein, doch glaube ich, dass es hergerichtet nett ausschaut; die Lage ist entzückend.

Mrs. Aylmer besuchte uns, kaum dass wir angekommen waren; sie wohnt ganz in der Nähe und lud uns für Donnerstag zum Abendessen und Bridge ein.

Dienstag, 7. Juni & Mittwoch, 8. Juni

Am Dienstag begannen wir mit den Arbeiten am Haus und Daddy riss die Küchendecke ein; Pater Martin kam uns mittendrin besuchen und brachte einen verirrten Hund mit, von dem er meinte, wir würden ihn mögen, da er ziemlich alt und verwahrlost aussah, doch wollten wir warten, bis wir einen jüngeren bekämen.

Am Nachmittag fuhren wir zum „Strand", um nach den Leuten für das elektrische Licht zu schauen und sind auf dem Rückweg auf einer von Mrs. Goldbury veranstalteten Sherryparty gewesen.

Heute Morgen sind wir hier geblieben und haben gearbeitet, und Mrs. Aylmer schaute, wie wir vorankämen, und heute Nachmittag war ich beim Zahnarzt und muss noch einige Male zu ihm, was eine wahre Plage ist.

Als es dunkel wurde und Daddy bei der Arbeit nichts mehr sehen konnte, gingen wir Onkel Shakes besuchen und tranken einen Sherry mit ihm und zwei anderen Männern, die aufgetaucht waren. Am Nachmittag hatten wir wahre Regengüsse, und es regnet und stürmt noch immer. Es ist schon lange her, dass wir das letzte Mal Regen sahen und es mutet seltsam an, nun in ihm zu sein.

Donnerstag, 9. Juni

Wir haben den ganzen Tag mit Arbeiten am Haus zugebracht; es regnet noch immer die meiste Zeit, so dass es gut war, dass wir drinnen allerhand zu tun hatten. Gegen 17.30 Uhr haben Mr. und Mrs. Beck das Haus besucht und auch einen Sherry mit uns getrunken.

Freitag, 10. Juni. & Samstag, 11. Juni

Ich habe heute und gestern zumeist nur gepinselt; kurz vor Mittag gestern bin ich hinunter zu den Hendricksons gegangen, um ein warmes Bad zu nehmen; sie haben zwei der großartigsten Badezimmer, die ich je sah, und ich habe mich in den Wassermengen nur so geaalt.

Am Nachmittag war ich beim Zahnarzt und Onkel Shakes kam zum Tee, am Abend aßen wir mit Mrs. Aylmer. Pater Martin war auch da und hinterher spielten wir Bridge und verbrachten so einen angenehmen Abend.

Wir sind gerade von Mrs. Aylmer zurück, wo wir noch Sherry trinken waren; wir haben den ganzen Tag kräftig gearbeitet und sie kam zur Teezeit vorbei und lud uns auf einen Spaziergang ein; es war sehr nett, draußen zu sein, und sie führte uns an Stellen, von denen aus man die großartigsten Ausblicke auf Berge und Meer hat.

Ich muss jetzt weitermachen und das Abendessen zubereiten.

Sonntag, 12. Juni & Montag, 13. Juni

Gestern wurde überhaupt nicht gearbeitet, denn wir sind morgens zur Kirche gegangen und dann zum Mittagessen mit Pater Martin. Am Nachmittag haben wir Onkel Shakes abgeholt und sind nach Elgin zu Commander Graham und seiner Frau gefahren. Er war Artillerieleutnant auf der Calcutta gewesen, als Daddy Kommandant war und ist vor sechs Jahren aus der Marine ausgeschieden und hat sich eine Apfelplantage bei Elgin gekauft, die etwa 18 Meilen von hier entfernt liegt. Wir trafen sie dort an und blieben zum Tee; sie haben ein entzückendes Haus mit Garten; genau das, was ich mir wünsche! Auch haben sie drei kleine Mädchen von zehn, acht und zwei Jahren.

Am Abend aßen wir alle im Grand Hotel in Somerset West mit Major McGarron-Groves. Er war mit Onkel Shakes zusammen, als wir ihn trafen und sucht ein Haus mit etwas Grund, da er sich hier draußen niederlassen will; er hat eine Frau und ein kleines Mädchen und ist etwa vor zehn Jahren aus England hierher gekommen. Er ist ein Soldat im Ruhestand, war bei den Scots Gards, und ist im Krieg ziemlich schwer verwundet worden, und ist wegen des guten Klimas hergekommen, und das Haus, über das er nachdenkt, liegt ganz in unserer Nähe.

Heute hatten wir wahrhaftig einen Arbeitstag. Ich war morgens beim Zahnarzt, und hoffe, er ist für einen Monat oder so mit mir fertig. Daddy und Mrs. Hendrickson, eine der nettesten Menschen überhaupt, haben den ganzen Tag damit zugebracht, das Dach des Landhauses zu reparieren. Ich habe die meiste Zeit das Badezimmer gepinselt.

Es war ein perfekter Tag, und ich bin sicher, es wird Dir hier gefallen, denn es ist so sonnig, friedvoll und abgeschieden.

Dienstag, 14. Juni & Mittwoch, 15. Juni

Es gibt Dir nicht viel Neues zu berichten, da wir die meiste Zeit mit der Arbeit am Haus verbringen; mein Badezimmer beginnt allmählich wirklich hübsch auszuschauen, und Daddy hat seine helle Freude daran, große Löcher in Wände zu schlagen und Fenster hineinzusetzen.

Gestern abend sind wir zu den Hendricksons gegangen und haben bei ihnen gebadet und zu Abend gegessen; es sind wirklich nette Leute mit zwei Kindern: ein Mädchen in Deinem Alter, die auf St. Cyprians ist, und ein sechzehnjähriger Jungen; ihr Name ist zwar holländisch, es sind aber in Wirklichkeit Engländer.

Heute Morgen verbrachten wir mit Einkäufen in der Stadt und am Nachmittag arbeiteten wir; und zwei Leute kamen zu Besuch: eine Mrs. Russel und eine Mrs. Heart; Mrs. Russel kenne ich von früher, und sie kennt Omi und Opi.

Donnerstag, 16. Juni & Freitag, 17. Juni

Es gibt nicht viel Neues in diesen Tagen, da wir immer noch mit dem Haus beschäftigt sind, so dass wir nicht allzu viel sonst unternehmen. Gestern verbrachte ich fast den ganzen Vormittag damit, Briefe zu schreiben, und am Nachmittag habe ich im Haus mit dem Streichen weitergemacht.

Auch heute habe ich die meiste Zeit mit dem Streichen verbracht und nach dem Tee kamen Pater Martin und Mrs. Aylmer zu uns.

Heute Nachmittag haben zwei Leute vom „Strand" Daddy besucht, die von ihm gehört hatten und wissen wollten, ob er für sie an ihrem Ford einen Caravan bauen würde, doch kann er jetzt nichts annehmen, bis wir das Haus so weit fertig haben, und so hat er nur eine Arbeitssitzung angesetzt.

Wir haben einen farbigen Jungen namens Ebraham, der jeden Morgen vom „Strand" mit dem Fahrrad um 7.30 Uhr herkommt und uns abends um 17.30 Uhr verlässt. Er ist so etwas wie ein Handlanger für alles und hat dabei gut und auch hart gearbeitet, und wir hoffen, dass er weitermacht.

Samstag, 18. Juni, Sonntag, 19. Juni & Montag, 20. Juni

Es regnete fast den ganzen Samstag und wir arbeiteten den ganzen Tag bis nach dem Tee, als Onkel Shakes und Mr. Bolton, der eine Farm gleich neben uns besitzt, zu Besuch kamen und zum Sherry blieben.

Gestern waren wir fast den ganzen Tag unterwegs. Morgens war ich in der Kirche, dann waren wir zum Mittagessen bei den Hendricksons. Am Nachmittag waren wir zum Tee bei Mrs. Aylmer, und am Abend führte sie uns zu einer hübschen alten Farm mit einem wundervollen alten Kaphaus im holländischen Stil namens „Morning Star":[120] es gehört einer Miss Barnett und ist ein sehr bekanntes Weingut. Wir alle blieben zum Abendessen dort, und es waren auch noch einige andere Leute da, und so hatten wir einen angeregten Abend.

Heute war wieder bis zum Abend ein Arbeitstag, dann gab's eine Sherryparty. Folgende Leute waren da: Mrs. Aylmer, Mrs. Goldburg, Miss Barnett, ihr Manager und ihr Begleiter sowie eine Miss Daniel.

Dienstag, 21. Juni, Mittwoch, 22. & Donnerstag, 23. [Juni]

Wir sind so beschäftigt, dass die Tage nur so verfliegen; das kleine Haus fängt an, hübsch auszuschauen und ich glaube, es wird sich wunderbar darin leben lassen; uns gefällt es hier, und ich glaube, auch Du wirst die Gegend lieben, die Menge Platz, etwa fünf Morgen und noch mehr außerhalb unserer Grenzen.

Am Dienstag haben wir eine ordentliche Tagesleistung geschafft – ohne allzu viele Besucher; doch dafür wurden wir gestern mit Besuch nur so überschwemmt, alles nette Leute, so dass es uns nicht wirklich störte. Am Abend aßen und spielten wir Bridge mit den Moseleys, und auch ein Oberst Smythe samt Frau waren bei der Party; Soldat im Ruhestand, der sich hier niedergelassen hat.

Auch heute war wieder ein guter Arbeitstag; wir haben zwei weitere Farbige eingestellt, die die Böden herausreißen und neue verlegen.

Freitag, 24. Juni, Samstag, 25. & Sonntag, 26. [Juni]

Freitags erledigten wir unsere übliche Hausarbeit und waren am Nachmittag zum Tee bei Leuten namens Hamilton-Reilly. Sie haben ein großes Weingut einige Meilen von hier, und wir erfreuten uns daran, uns alles anzuschauen.

Gestern mühten wir uns, einen ordentlichen Teil an Arbeit hinter uns zu bringen, aber es war ein Tag mit Besuchern, so dass wir nicht so viel, wie erhofft, schafften. Alle Kinder sind nun die Ferien über zuhause und die Familie Martin kam zu Besuch: das älteste Mädchen, Ann, ist 17 und das jüngere, Elizabeth, 14. Auch haben wir die beiden Kinder der Hendricksons kennen gelernt: Derek, der Junge, ist 16, und Jean, das Mädchen, einen Monat jünger als Du. Alles nette Kinder, und ich bin sicher, Du wirst Dich mit ihnen verstehen.

Unser Gepäck ist aus England angekommen, und morgen früh werden wir nach Somerset zum Bahnhof fahren, um es abzuholen. Gestern Abend waren wir auf einer Sherryparty, die von Leuten namens Garnett veranstaltet wurde. Es sind Leute aus Johannesburg, die sich im Ruhestand hier niedergelassen haben.

Heute setzten wir unsere Arbeit am Haus fort, hatten eben noch einige Leute zum Sherry bei uns und gehen gleich zum Abendessen zu den Hendricksons; jedermann ist hier sehr nett und freundlich zu uns, und wir könnten nahezu jeden Tag, wenn wir wollten, ausgehen und uns unterhalten lassen, doch müssen wir mit dem Haus vorwärts kommen und endlich einziehen.

Montag, 27. Juni, und Dienstag, 28. Juni

Montag war ein ziemlich arbeitsreicher Tag und wir konnten eine ganze Reihe Arbeiten am Haus beenden. Heute waren wir in der Nähe von Paarl bei einer Versteigerung, deren Ankündigung wir gesehen hatten, und über die man uns sagte, dass wir dort vielleicht billig Mobiliar finden könnten. Mrs. Aylmer begleitete uns, und wir brachen um 10.00 Uhr auf. Es war ein angenehmer Tag und wir genossen den Ausflug, doch vom Einkauf her war es ein Fehlschlag, denn die Farm wurde gar nicht versteigert, da man kein Gebot abgab, das hoch genug war, so dass sie sich entschlossen, den Hausrat nicht zu verkaufen, sondern dort wohnen zu bleiben, bis die Farm verkauft wäre – so bekamen wir gar nichts!

Wir hielten auf dem Rückweg in Stellenbosch und kauften eine große Ladung Ablaufrohre von der dortigen Fabrik, fuhren dann hierher zurück und waren bei Onkel Shakes zum Tee; danach brachten wir Mrs. Aylmer heim und tranken noch einen Sherry bei ihr.

Tut mir leid, aber meine Schrift ist nicht gut, denn ich habe mir leider einen Finger in der Autotür gequetscht, und es ist recht schwierig, mit einer Bandage um den Mittelfinger zu schreiben; es ist aber nicht schlimm, sondern dürfte bald wieder in Ordnung sein.

Mittwoch, 29. Juni

Heute gibt's nichts zu berichten; es regnete fast den ganzen Tag in Strömen, und wir haben hart gearbeitet. Heute Abend essen wir im Queens Hotel mit Mrs. Russel und spielen danach Bridge.

Donnerstag, 30. Juni

Es ist wahrlich wunderbar, wie hier die Zeit verfliegt; es scheint nur ein oder zwei Tage her, dass ich die Briefe versandte. Wir sind soeben zurückgekommen von einer Cocktailparty bei den Backs, wo wir eine Menge Leute trafen, und darunter ein Mädchen, das wir aus England kannten: die Stieftochter von Admiral Halifax; sie hat einen Mann namens Roy Struben geheiratet und sie haben eine Farm etwas außerhalb von Somerset West.

Wir hatten eine ziemliche Anzahl Besucher heute, darunter auch Jean und Derek Hendrickson; Derek wollte anscheinend Fotos vom Caravan machen. All die Jungs hier sind sehr am Caravan interessiert, da er durch die Sahara gefahren ist und offenbar meinen alle, dass es das sei, was sie auch gern machen würden.

Das Haus sieht immer mehr wie neu aus und wirkt recht hübsch, und je mehr wir hier sind, umso mehr mögen wir es, und letzten Endes glaube ich, werden wir's als Eigentum kaufen.

Wir hatten gestern Abend bei Mrs. Russel ein nettes Abendessen; es waren auch noch andere Leute da und wir hatten hinterher einige nette Partien Bridge.

Juli

Freitag & Samstag, 1. & 2. Juli

Gestern Morgen waren wir bei einigen Auktionen, doch das Einzige, was wir bekamen, waren Teppiche. Dann sind wir heimgefahren und haben bis zum Abend gearbeitet, haben uns dann hergerichtet und zusammen mit Mrs. Aylmer gegessen. Wir haben sie und die Familie Hendrickson eingeladen, mit uns zum Kino nach Stellenbosch zu fahren. Die Sitze sind nunmehr zurück im Auto, und wir alle fuhren recht komfortabel darin.

Heute setzten wir unsere Reparaturen am Haus fort. Derek kam am Nachmittag her und strich die Fenster für uns, und die Hamilton-Reillys kamen zum Tee.

Sonntag, 3. Juli, Montag, 4., Dienstag, 5. & Mittwoch, 6. [Juli]

Ich war so beschäftigt, dass ich in den letzten Tagen gar keine Zeit zu schreiben fand. Am Sonntag waren wir morgens in der Kirche und nach der Kirche zum Morgentee bei den Garnetts. Am Nachmittag arbeiteten wir, mussten aber nach dem Tee aufhören, da wir Besuch hatten; dann waren wir zum Sherry bei Leuten namens Hart und am Abend bei den Hendricksons.

Am Montag arbeiteten wir den ganzen Tag und sind am Abend zum Sherry zu Mr. Bolton gegangen.

Auch gestern arbeiteten wir den ganzen Tag und aßen am Abend mit den Garnetts, spielten auch Bridge; es gab sogar zwei Bridgetische.

Heute haben wir eine Menge Dinge im Haus aufpoliert und die Hälfte davon sieht aus wie neu.

Donnerstag, 7. Juli

Tut mir leid, aber das wird ein ziemlich kurzer Brief diese Woche; wir haben den ganzen Tag auf einer Auktion in Somerset West verbracht und ich fühle mich sehr fußmüde und erschöpft. Einige Leute, die in Kürze nach England aufbrechen, verkaufen all ihr Mobiliar etc., und wir konnten einige ziemlich gute Schnäppchen machen.

Als wir zurück waren und ich mich gerade zum Schreiben hingesetzt hatte, kamen Jean und Derek vorbei und zeigten uns einige Fotos, die sie vom Caravan gemacht hatten, und sie freuten sich offenbar so sehr, bei uns zu sein, dass sie gerade erst gegangen sind.

Freitag, 8. Juli & Samstag, 9. Juli

Nicht viel Neues in den letzten beiden Tagen, da wir bloß hart gearbeitet haben. Gestern hatten wir einen völlig ungestörten Arbeitstag und dementsprechend gute Fortschritte gemacht.

Auch heute haben wir den ganzen Tag gearbeitet und haben nun das Bad soweit einsatzbereit, dass ich morgen früh mein erstes Bad werde nehmen können.

Heute gab es drei Briefe für uns, die uns Nachrichten aus der Sahara brachten. Einer war von Professor Lorial, der uns Neuigkeiten aus Tamanrasset berichtete; der andere stammte von Sir Philip Richardson und berichtete, dass er die Reise so satt hatte, dass er einen Zug von Kano nach Lagos genommen hatte und auf dem Seeweg nach England zurückgekehrt sei, und dass die nigerianische Grenze am Tag, nachdem sie sie passiert hatten, geschlossen worden war, da es eine Seuche an einem Ort namens (?) gab, und dass wir, wären wir weitergefahren, wohl dort für eine ziemliche Zeit aufgehalten worden wären. Der dritte war von Mrs. Fox, die bei einem ihrer Neffen geblieben war und während ihres Aufenthaltes Kapitän Hicks und Frau getroffen hatte, die, wie Du Dich erinnerst,[121] wir in Ghardaïa trafen und mit denen wir im Hotel zu Abend gegessen hatten. Sie meint, sie wären sehr interessiert zu erfahren, wie es uns schließlich ergangen ist; ist das nicht ulkig, dass sie jemanden trifft, den wir fernab in der Sahara getroffen haben?

Sonntag, 10. Juli

Nichts gibt's zu berichten heute Abend, außer von noch mehr Arbeit. Mr. Hendrickson kam heute Morgen und half Daddy, Abflussrohre im Bad einzurichten, und jetzt sind wir in der Lage, das Bad und das Waschbecken zu benutzen, was sehr hilfreich ist.

Mrs. Aylmer kam heute Abend auf einen Sherry zu uns.

Wir haben beschlossen, den Besitz „Watersmeet" zu taufen. Für den Namen gibt es zwei Gründe: der erste ist, dass wir die Stelle übersehen können, wo sich der Indische und der Atlantische Ozean treffen und der andere ist, dass Bäche vom Heldeburggebirge, das sich gleich hinter uns befindet, herabfließen und sich in einer Art Reservoir gleich beim Haus sammeln, so dass es gleich hier ebenfalls zu einem Zusammenströmen von Wassern kommt, weswegen wir den Namen für recht geeignet halten.

Montag, 11. Juli, Dienstag, 12., Mittwoch, 13. & Donnerstag. 14. [Juli]

Jetzt ist es wieder einmal an der Zeit, die Briefe zu erledigen, und ich habe bereits seit Sonntag mein Tagebuch nicht weitergeführt. Ich war so beschäftigt. Am Montag arbeiteten wir bis zur Teestunde, gingen dann zu den Backs zum Sherry, und zu noch einem bei Onkel Shakes. Am Dienstag hatten wir wieder einmal einen Empfang: so viele Leute sind hergekommen, und gestern nahm ich einen Tag Auszeit, um die Kleidung zu überholen und zu reparieren; ich musste sie so lange vernachlässigen, dass fast alles eine Reparatur nötig zu haben schien.

Heute haben wir eine Menge geschafft, und Derek kam heute Morgen vorbei, so dass wir auch ihn bei der Arbeit einspannten. Letzte Nacht spielten wir Bridge mit den Harts, und am Dienstag Abend aßen wir bei Onkel Shakes.

Freitag, 15. Juli, Samstag, 16. & Sonntag, 17. Juli

Wir haben soeben eine Sherryparty im Caravan gehabt: Tante Poppy, die bei Mrs. Aylmer wohnt, und Mrs. Aylmer waren da sowie vier weitere Leute, so dass wir eine gemütliche Runde waren.

Freitag Abend aßen wir bei Mrs. Aylmer, um Tante Poppy zu treffen; auch Onkel Shakes war da, und am Samstag sind wir auf einer Sherryparty gewesen.

Leider sind meine Briefe jetzt wohl ziemlich langweilig, da wir die meiste Zeit mit dem Schwingen von Pinseln etc. verbringen, so dass es wirklich nicht viel Neues gibt, dass ich Dir erzählen könnte.

Montag, 18. Juli, Dienstag, 19., Mittwoch, 20. & Donnerstag, 21. Juli

Ich habe gar nicht gemerkt, dass ich so viele Tage habe verstreichen lassen, ohne mein Tagebuch fortzuführen, doch es gab wahrhaftig nichts Mitteilenswertes; die Tage flogen nur so dahin und wir kommen mit den Innenarbeiten im Haus ans Ende und hoffen, bald mit den Außenarbeiten beginnen zu können; der Kamin im Salon ist mittlerweile fertig und auch der Abwassertank ist endlich fertig; ein großer Schritt.

Ich kann mich kaum mehr daran erinnern, was wir Montag gemacht haben; wir sind zu einer Farm rausgefahren und haben einen großen Sack Orangen gekauft; Naartjes[122] und Äpfel für 2 Shilling 6 Pence. Am Dienstag waren wir zum Sherry bei Onkel Shakes und haben Leute namens Beardmore kennen gelernt, die einige Tage bei ihm verbringen. Am Mittwoch haben uns die Beardmores besucht und auch viele andere Leute kamen an fast allen Tagen in lockerer Folge vorbei.

Heute waren wir einkaufen, haben gearbeitet und Besucher unterhalten; das sind alle Neuigkeiten.

Epilog

(von Gordon Orr, Kathleen Harrisons Enkel)

Kathleens Aufzeichnungen enden hier abrupt. Wie die letzten Abschnitte der Geschichte zeigen, wurde die Hauptenergie der geschäftlichen Unternehmungen der Harrisons von der Caravanherstellung auf die Renovierung und den Umbau des Hauses gelenkt. Peter wurde ein begabter, autodidaktischer Konstruktionszeichner und begann Häuser zu entwerfen sowie auch zu bauen. Sheila kehrte zu ihren Eltern zurück, und sie vollendeten eine Reihe von Projekten, bevor Peters Eintritt in den 2. Weltkrieg mit einem knappen Telegramm der Admiralität begann, in dem ihm befohlen wurde, „sofort mit den Feindseligkeiten zu beginnen". Da allerdings nur wenige Deutsche da waren, gegen die er hätte feindselig sein können, schiffte er sich nach England ein, ließ Kathleen und Sheila zurück, die ihm folgen sollten.

Der Hang der Harrisons zum Nomadentum überlebte den Krieg und nach ihrer Rückkehr nach Südafrika lebten sie an einer erstaunlichen Anzahl Orte, und oftmals bauten sie dort etwas auf, und wenn es gerade ihrem Wunsch entsprach, zogen sie weiter. Ihre Umzüge waren nicht gerade einfach, und für gewöhnlich brauchten sie zwei Fahrzeuge: eines zog den Caravan, das andere einen Lastanhänger. Möbel, Hauskaninchen, Hunde und Sheilas Pferd – alles musste mit. Die Bestandteile des Konvois konnten sich gelegentlich an Kreuzungen verlieren, manchmal gar für Tage, wobei Kathleen im Auto, Peter im Lastwagen den anderen wegen seiner Orientierungslosigkeit verfluchte. Einmal, in einer dunklen Nacht, in Donner und Regen, kamen beide auf der Suche nach dem anderen zur Polizeistation in Krugersdorp. Die Fahrzeuge waren überzogen mit einer durchnässten, klumpigen Lehmschicht, die im Lichtkegel glänzte, und die Harrisons selber waren so durchnässt und müde, dass sie die Stützen des Caravans herabließen. Ein skeptischer Sergeant schaute durchs Fenster, zog seinen Südwester über, rannte hinaus und schrie: „Hey! Guter Mann, Sie können Ihren verfluchten Zirkus hier nicht parken!" Peter öffnete rasch eine Whiskyflasche und reichte ihm von dem starken Trank. „Wir sind kein Zirkus, wir sind die Marine von Transvaal. Ist das hier nicht der Orange River?" Der Sergeant schielte in den Dauerregen und grunzte: „Ja, mag schon sein, aber ich hab noch nie Boote gesehen mit verfluchten Rädern dran. Guter Mann, Sie schauen für mich eher wie ein Zirkus aus; gib mir noch einen Schluck, und ich bin der Zirkusdirektor!"

Sheila wurde Physiotherapeutin und arbeitete am Voortrekkerhoogte-Krankenhaus in Pretoria. Kathleen und Peter ließen sich eine Zeitlang etwa 20 Meilen westlich auf einem wundervollen Gelände, das sie Cosmos nannten, an den Magaliesbergen nieder, von wo aus sie den Hartebeestpoort-Staudamm überblicken konnten. Als man Sheila eine Stelle weit im Norden Rhodesiens anbot und sie sie annahm, zogen ihre Eltern, angelockt von den Wellen des Meeres, in die entgegengesetzte Richtung: ans Meer.

Reisen mit dem Caravan waren damals nicht hektisch und die Reisenden nur wenige. Öfters kam es in offener Landschaft vor, dass Gruppen von in unterschiedliche Richtungen Reisenden anhielten, sich miteinander unterhielten, gemeinsam speisten oder den Abend miteinander verbrachten. Außerhalb der Städte legte man die Campingplätze an den hübschesten und angenehmsten Plätzen an. Oftmals, wenn sie denn einmal auf einer einsamen afrikanischen Farm campten, überschütteten deren Eigentümer die Harrisons mit ihrer Gastfreundschaft, boten ihnen an, ihre Wäsche waschen zu können, schenkten ihnen Nahrungsmittel, Eier und andere Farmprodukte als Gegenleistung für ihre Gesellschaft. Die Harrisons nahmen dies für gewöhnlich an, schliefen aber immer im Caravan und erwiesen sich dankbar für die Gastfreundschaft mit einem Sherry oder einem anderen Tropfen, und eine Einladung wurde nur selten von den faszinierten Buren abgelehnt, die gerne die Gelegenheit wahrnahmen, aus nächster Nähe die heutige Entsprechung der Ochsenkarren ihrer Großeltern in Augenschein zu nehmen.

Ihre Reise führte sie durch das „Jock vom Buschland"-Gebiet des östlichen Transvaal, durch Swaziland und den Krüger-Nationalpark, und für den Fall, dass sie doch einmal vom Weg abkämen, trug Kathleen einen schweren Revolver als Verteidigung gegen böse Überraschungen bei sich. Als sie sich südwärts wandten durch die fruchtbaren Zuckerrohrplantagen Zululands, kamen sie nach Durban, hielten kurz und fuhren weiter, immer auf der Suche nach dem idealen Ort, um sich am Meer niederzulassen. Sie fanden ihn nicht an der wilden Küste südlich von Durban oder bei Grahamstown in der nordöstlichen Kapprovinz, obwohl sie das windige Port Elizabeth sehr mochten; doch nicht genug, um dort Wurzeln zu schlagen. Sie kamen die Gartenroute nur langsam voran und schließlich nach Knysna, einem wunderschönen Dorf an einer Bucht, überragt von schroffen Bergen und geschützt von den dramatischen Steinpfeilern der Heads.

Sie kauften Land, bauten auf Leisure Island[123] inmitten der Bucht und blieben dort. Ihr Leben war geschäftig, doch gnädig mit ihnen. Peter begann jeden Tag mit einem kalten Bad und einem Lauf. Mit seinen Zimmermannswerkzeugen baute er Boote und sie angelten unermüdlich; öfters gingen sie bereits morgens um zwei fort, ruderten meilenweit an einen netten Platz und kehrten zum Sonnenuntergang zurück samt schwerer Netze voll mit dicken Brummern – Steinbarsch und Stumpfnase. Sie nahmen an Ruder- und Segelwettbewerben teil und waren Experten im Bridge. Der Ort, der vom Schiffbau und der Holzindustrie lebte, war recht klein und besaß einen großen Anteil von Militärangehörigen im Ruhestand samt deren Familien, und die Harrisons passten wunderbar dazu. Peter verlegte sich mit Erfolg auf Börsengeschäfte und von den Dividenden lebten sie in bescheidenem Wohlstand.

Sheila lernte den zivilen Ingenieur Robert Orr beim Karibadammprojekt[124] kennen, und als der nach Salisbury zog, heirateten sie. Dies war für Peter und Kathleen das Signal, den Caravan wieder anzuspannen, und es begann eine sich alle zwei Jahre wiederholende Wanderschaftsreise, zweitausend Meilen nach Rhodesien durch das südafrikanische Hochland über Kies, enge Asphaltstraßen und zweispurige Pisten. Die Reise dauerte sechs Tage und insbesondere die Pisten verursachten Momente des Herzstillstandes; von einander entgegenkommenden Fahrzeugen musste an kritischen Punkten eines eine Spur verlassen, die Räder einige Zoll daneben stellen und eine krabbenartige Fortbewegung, gefolgt von einem halsbrecherischen Ruck, riskieren, um wieder auf beide Streifen zu gelangen, nachdem der andere vorbei war.

Peter baute den Orrs einen Caravan, und Sheila und Bob sollten die Reise das eine, Peter und Kathleen das darauf folgende Jahr unternehmen. Es war üblich, an Johannesburg durch Krugersdorp vorbeizufahren, und stets hielten sie, um den Polizeisergeant zu besuchen, der ganz besonders nett zu seinen Reisezirkusleuten wurde.

Kinder hinderten die Orrs nicht daran, mit dem Caravan zu reisen – und die Enkel auch nicht die Harrisons. Eine große Matratze und ein Baldachin wurden auf einen Bedford-Pickup gebaut und die Kinder und ein schwarzes Kindermädchen namens Fanny Nyarenda aufgeladen und, gesichert durch Drahtfenster, wie in einem Paviankäfig durch Afrika kutschiert. Der Sergeant van Tonder in Krugersdorp bemerkte einmal mit Grinsen: „Nett! Wie ich sehe, habt ihr ein paar Püppchen, die auch noch reden können!"

Sheila verlor ihre Liebe zu den Pferden nie, und 1975 besaß sie 32 und unterhielt eine Reitschule in Umtali, im östlichen Hochland. An Bisse und Tritte war sie zwar gewöhnt, doch als sie am 13. Januar 1975 leicht gebissen wurde, begab sie sich zum örtlichen Arzt. Und wie schon öfters zuvor verordnete der Doktor Penicillin, doch diesmal reagierte Sheila heftig und starb. Der Krieg in Rhodesien führte dann zu einem weiteren Auseinanderbrechen ihrer Familie.

Die Harrisons waren mittlerweile um die Siebzig, und Sheilas Tod war ein echter Schock für sie. Sie verkauften ihr Inselhaus und zogen in ein kleineres Landhaus in Ortsnähe, das besser eingerichtet war und einen Blick auf die Heads bot. Der Tourismus führte in Knysna zu einer wahren Bevölkerungsexplosion: in der Hochsaison wimmelte es in den vollen Straßen nur so von Urlaubern und die Motorboote störten die Fische.

Zu geringe Blutzirkulation in einem von Peters Beinen machte eine Amputation unumgänglich, doch hatte das auf seine Art zu leben nur wenig Einfluss; er konnte immer noch Holz sägen, Auto fahren, ein Boot rudern und angeln. Immer schon ein wenig taub aus seiner Zeit als Artillerieoffizier wurde sein Gehör zunehmend schlechter und ließ ihn immer lauter sprechen. Mit eingefallenen Wangen und sich auf einen Stock stützend wurde er zu einer noch mehr Respekt gebietenden Figur. „Verdammte Diebe!" bellte er die Werkstattleute an, was Fensterscheiben erzittern und Reparaturpreise purzeln ließ. Niemals einem Extraschluck abgeneigt, pflegte er Besucher, die ihm zuviel wurden, taktvoll anzudonnern: „Geht nach Hause!"

„Sei nicht so grob, Peter, du bist wie drei Leinen im Wind",[125] entgegnete Kathleen immer wieder empört, was ihn barsch lachen ließ. „Ich kann dich nicht hören, Kathleen; schick die faulen Bettler weg, sie zerren nur an der losen Leine!"

Sein Gedächtnis wurde etwas schwach. An einem seiner Geburtstage – bei einem Abendessen zu seinen Ehren – in Anwesenheit zahlreicher Würdenträger samt all ihrer Freunde, ließ ihn ein langweiliger Arzt einnicken. Endlich kündigte der „jetzt ein paar Worte von Kapitän Harrison" an und schüttelte ihn wach. „Wer zum Teufel seid ihr alle?" fragte Peter.

Kathleen, energisch wie eh und je, versuchte Peter mit einem ärztlich verordneten Rauchverbot zu belegen – jedoch ohne Erfolg; Rauchzeichen aus kunstvoll gehöhlten Pfeifen und Zigarettenhaltern zogen weiterhin tapfer in Schwaden vorbei. Peter starb 1982 nach kurzer Genesung von der Amputation des anderen Beines. Seine Asche wurde vom Deck eines südafrikanischen Marinezerstörers aus über dem Meer verstreut.

Kathleen angelte weiterhin von ihrem kleinen Boot aus, einem von Peter gebauten Kabinenboot, und gewann zweimal den Jahrespreis für den schwersten Fang. Schließlich litt sie an Arthritis und legte ihre Angelruten weg. Ihre Muskeln und Gelenke wurden zwar schwächer, nicht aber ihr Verstand; sie spielte weiterhin Bridge und gab ihren Enkelkindern gute Ratschläge, bis sie am 23. August 1991, einen Tag vor ihrem 94. Geburtstag, verstarb.

Ob Peter und Kathleen typische Vertreter ihrer Generation waren, lässt sich schwer sagen, aber sie waren herausragende Vorbilder für Würde, Seelenstärke und Lebensfreude.

1. Wahrscheinlich handelt es sich um den Kinofilm „Elephant Boy" nach der Buchvorlage „Tomai of the Elephants" von Rudyard Kipling, die erstmals 1937 erschienen ist; Kiplings bekanntestes Werk dürfte das ebenfalls verfilmte „Dschungelbuch" sein.
2. Abkürzung für den „Royal Automobile Club", den schon 1897 gegründeten Automobilclub Großbritanniens
3. Der Waffenstillstand zwischen Deutschland und den Alliierten wurde nach dem Ersten Weltkrieg am 11. November 1918 in einem Eisenbahnwagon bei Compiègne vom Oberbefehlshaber der Alliierten und einem deutschen Abgeordneten geschlossen.
4. Im spanischen Bürgerkrieg von 1934-39 standen sich unter der Führung von General Franco die Rechten und die Republikaner gegenüber. Die Republik war 1931 ausgerufen worden. Die eingeleiteten Reformen gingen den Linken nicht weit genug. Die ersten militärischen Aktionen der Rechten fanden 1934 statt – sie wurden von Anfang an durch das nationalsozialistische Deutschland und das faschistische Italien unterstützt; berühmt-berüchtigt ist bis heute der Angriff der deutschen Legion Condor auf die Stadt Guernica.
5. Eine englischsprachige Zeitung für das Festland
6. Es handelt sich hier um einen alten Kinderreim nach dem Schema: Eins für Mama, eins für Papa
7. Das französische Wort für Feinkostwarenhandel
8. Der Alte Hafen, der Port Vieux von Marseille, geht auf die Gründung durch griechische, evtl. sogar phönizische Seefahrer auf das 6. Jh. v. Chr. zurück; und noch heute ist Marseille Frankreichs größter Hafen, in dem noch immer die Fischer an alten Holzstegen ihre Boote vertäuen und ihren Fisch anbieten.
9. „Utility" ist die Typenbezeichnung des Fords, mit dem die Harrisons unterwegs sind.
10. Gummi arabicum wird als Harz aus dem Pflanzensaft verschiedener Akazien- und Mimosenarten gewonnen; hierzu wird die Baumrinde angeritzt, wodurch sich an der Luft trockene Tropfen bilden. Jährlich können von einem Baum bis zu 2 kg geerntet werden; Hauptproduzent ist der Sudan.
11. Der „Golf der Löwen" ist das Gebiet zwischen der Mündung der Rhône und dem Têt.
12. Das Trappistenkloster war höchstwahrscheinlich das von Tibhirne, aus dem 1996 sieben Mönche entführt und ermordet wurden. Das christliche Kloster „Notre Dame de l'Atlas" lebte lange Zeit einvernehmlich mit der es umgebenden muslimischen Bevölkerung. Dies änderte sich erst 1993, als die bewaffneten Kämpfe der Regierung mit den islamistischen Fundamentalisten die Gegend erreichten.
13. 100° Fahrenheit entsprechen etwa 37,8° Celsius; 98,7° F. sind etwa 37° C.
14. Der Scirocco (auch Schirokko) ist ein heißer Wind aus südlichen bis südöstlichen Richtungen, der von der Sahara in Richtung Mittelmeer weht.
15. Offenbar waren sie zuvor schon einmal in Kapstadt gewesen.
16. Der Hottentot Holland ist ein hoher Berg in der Kapregion, heute umgeben von einem Naturreservat.
17. Milnerton liegt in der Nähe von Bloubergstrand, dessen Name daher stammt, dass der Tafelberg von hier aus gesehen sehr häufig in einem bläulichen Licht erscheint. Die Aussicht von Bloubergstrand auf den Tafelberg gehört wohl zu den meistfotografierten Motiven Südafrikas, der Kapregion.

18 Die Stadt Gao liegt in Mali.

19 Die Orte Agadez sowie Zinder liegen im Staat Niger, Kano in Nigeria.

20 Der Roman von Robert Hichen wurde erstmals 1916 als Stummfilm, dann 1936 in Color mit Marlene Dietrich in der Hauptrolle verfilmt. Die Handlung des Films ist in etwa die folgende: Nachdem ihr Vater gestorben ist, sucht Domini Enfilden (Marlene Dietrich) Vergessenheit in der Einsamkeit der Sahara. Auf ihrer Reise begegnet ihr Boris Androvsky (Charles Boyer), ein gut aussehender, aber verschlossener Fremder. Domini fühlt sich unwiderstehlich zu ihm hingezogen. Trotz der bedrohlichen Prophezeiung eines Wahrsagers und der Warnungen eines Priesters willigt sie in die Ehe mit ihm ein. Als Domini entdeckt, welche Schuld auf seinem Gewissen lastet, steht sie vor der Entscheidung, die ihr Leben auf immer verändern wird.

21 Bereits die Römer errichteten an der Stelle, an der heute die Stadt liegt, ein Feldlager; 1553 siedelten sich muslimische Flüchtlinge aus Andalusien dort an. 1825 wurde die Siedlung durch ein Erdbeben zerstört und 13 Jahre später, 1838, von französischen Truppen eingenommen. Nur wenige Jahrzehnte später, 1867, wurde sie erneut von einem Erdbeben zerstört.

22 Die genannten 99° Fahrenheit entsprechen etwa 37,2° C.

23 Vielleicht meint Kathleen Harrison ja Couscous.

24 Blida ist heute eine Stadt mit gut 250.000 Einwohnern und Hauptstadt der gleichnamigen algerischen Provinz; sie liegt etwa 40 km von Algier am Fuße des Atlas und ist an das Eisenbahnnetz angeschlossen. Die Umgebung ist sehr landwirtschaftlich geprägt. Die Stadt wurde 1553 von aus Andalusien geflohenen Moslems gegründet. Ihre Hauptsehenswürdigkeit ist die Moschee aus dem 16. Jh. sowie die noch recht gut erhaltene Altstadt. Nach zwei Erdbeben 1825 und 1867 wurde die Stadt jeweils wieder aufgebaut.

25 Gemeint ist wahrscheinlich das Märchen „Die Störche"; doch befindet sich in diesem das Storchennest auf dem letzten kleinen Haus im Dorf.

26 Laghouat wurde im 11. Jahrhundert gegründet und geriet unter marokkanische und osmanische Herrschaft. 1852 übernahmen die Franzosen die Stadt. Seit 1962 ist sie algerisch.

27 Der Ort ist insbesondere im 19. Jh. von großer Bedeutung gewesen, da sich dort seit 1870 eine Karawanserei befand; heute macht der Ort in der Presse eher wegen seiner Atomanlagen von sich reden.

28 Die Stadt wurde im 11. Jahrhundert gegründet und geriet schon bald unter marokkanische und osmanische Herrschaft. 1852 übernahmen die Franzosen die Stadt. Seit 1962 ist sie algerisch.

29 Die Pflanze besitzt ein tiefreichendes Wurzel-System von bis zu 10 Metern und mehr, was sie ungünstige Niederschlagsperioden (Dürren) gut überstehen lässt. Das zu den Luzernen gehörende Gewächs wird weltweit als Futter für Vieh angebaut. Alfalfa-Sprossen werden in der Küche in Salaten und als Brotbelag verwendet; ihr nussartiger Geschmack passt besonders gut zu Käse.

30 Ghardaïa ist eine im 11. Jahrhundert vom charidschitischen Muslimen gegründete Oasenstadt. Der größte Teil der Bevölkerung besteht aus den Mzab, die geprägt sind von den harten Anforderungen durch Wüste und Klima: die Menschen sind widerstandsfähig, praktisch, tolerant, verhandlungsfähig, bescheiden und abhängig von der Hilfe der Gemeinschaft. Ein Spanier, der mit der Gegend vertraut war, schrieb einmal über die Menschen: „Die Mzab haben eine Gesellschaft aufgebaut, die sehr strikt ist, aber gleichzeitig auf der Solidarität der Gemeinschaft basiert, fromm, aber auch verbindlich, mitten in einer Landschaft, die dem Menschen total feindlich gesonnen ist."

Das Tal von Ghardaïa ist nichts für Individualisten. Einzelgänger könnten hier nicht überleben. Nur durch strengen Zusammenhalt war es den Mzab möglich, den harten Lebensbedingungen zu trotzen.

31 Die Rifle Brigade ist ein ehrenvolles britisches Armeekorps, das bereits 1800 gegründet worden war und schon bei den Kämpfen gegen Napoleon in Waterloo teilnahm und auch in El Alamein kämpfte.

32 Nach zwei Jahren intensiver Studien begann Henry Ford 1917 mit dem Bau des ersten Modells TT, eines Pritschenfahrzeuges. Das Modell war bei den Farmern aus ähnlichen Gründen wie bei anderen das T-Modell sehr beliebt: kostengünstig und einfach zu reparieren. Bis in die späten 40er-Jahre hinein baute Ford leichte und mittelschwere Lastfahrzeuge.

33 Grillards sind Anfahrhilfen.

34 Eine wärmende, schmerzlindernde Salbe

35 Das bedeutet, sie fahren die Route von Süden nach Norden.

36 Die Autorin ändert hier ihre Schreibweise des Namens in Lallah; oben hieß er noch Lalla.

37 Das Geheimnis um die verlorenen Stämme Israels fasziniert die Menschen seit Jahrhunderten. Entdecker behaupten, weltweit zahlreiche Hinweise auf die „Verlorenen Stämme" gefunden zu haben, aber kaum eine dieser Behauptungen konnte bewiesen werden. Immer wieder werden weitere Spuren gefunden, zuletzt 2005 beim Stamm der Lemba in Südafrika, die diese unglaubliche Reise nach eigenen Angaben vor Jahrhunderten gemacht haben sollen. Sie zieht sich vom Herzen des modernen Südafrikas zu den altertümlichen Steinstädten Simbabwes, weiter an die Küsten des Mittelmeeres und nach Jerusalem. Wie sich herausstellte, sind die Beweise für diese Reise mehr als anekdotenhaft. Kürzliche DNA-Untersuchungen deuten auf die wahre Herkunft der Lemba hin – nämlich den Mittleren Osten.

38 Die Oase In Salah, deren Häuser mit so dicken Wänden versehen sind, dass man die ganze Siedlung für eine Festung hält und die wahrscheinlich weniger der Abwehr von Feinden denn der Elemente dienen, gilt als einer der heißesten Orte auf unserem Planeten – die Temperatur steigt im Sommer regelmäßig über 50° Celsius. Dazu kommen noch starke Winde, die an deutlich mehr als der Hälfte der Tage über den Ort hinwegfegen.

39 Eine Frühform des heute allseits bekannten und von vielen Automobilclubs angebotenen Schutzbriefes.

40 Agadez besteht aus auf Sand gebauten, ebenerdigen Lehmhäusern, dazwischen neben der berühmten, im 12. Jahrhundert erbauten, alten Moschee, die ein typisches Beispiel der sudanesischen Lehmarchitektur ist, der Sultans-Palast und der Palast von Kaocen, in dem heute das Hôtel de l'Air untergebracht ist. Als Frankreich in den Jahren 1959/60 am grünen Tisch die Grenzen von Algerien, Mali und Niger festlegte, wandte sich der Sultan von Agadez zusammen mit Oberhäuptern verschiedener Tuareggemeinschaften schriftlich an General de Gaulle mit der Bitte um einen eigenen Sahara-Staat. Dieses Schreiben erreichte nie seinen Adressaten, sondern wurde von Mitgliedern des französischen Kabinetts an den damaligen Staatschef der Republik Niger, Diori Hamani, zurückgeschickt, der daraufhin den Sultan verhaften und im Gefängnis sterben ließ.

41 Die Oase El Golea schien vielen Reisenden wie eine Fata Morgana. Ein Meer aus Palmen duckt sich vor den riesigen Sanddünen des Grand Erg Occidental. Eine grüne Insel, stets vom Sand und Wüstenwind bedroht, El Golea ist eine der schönsten Oasen der Sahara. In der Nähe gibt es den verfallenen Ksar (Wehrdorf) sowie

die „Wüstenkathedrale St. Joseph", das einzige christliche Gotteshaus der Sahara; errichtet vom Missionsorden der „Kleinen Brüder Jesu". Ihr eigenwilliger Begründer war der berühmte Wüstenmissionar, Forscher und Freund der Tuareg Charles de Foucauld, dessen „Herz" hier auf dem angrenzenden kleinen Friedhof in einem Mamorsarkophag seine letzte Ruhestätte fand.

42 Zwischen In Salah und El Golëa erstreckt sich das Plateau der Tademaït, die sich als eine absolut flache mit Kieselsteinen übersäte Hochfläche präsentiert.

43 Gemeint ist der See Beni Belaid.

44 Timimoun ist eine schöne Oasenstadt am Rande der riesigen algerischen Wüste namens Große Westliche Erg; sie ist im sudanesischen Stil am Rande des Plateaus von Tademaït erbaut. Von hier kann man über einen Salzsee hinüberschauen zu den Sandmassen der Erg. Touristen schätzen diesen Ausblick vor allem bei Mondschein; und im Winter 1989/90 drehte hier der Regisseur Bertolucci viele Szenen seines Films „Himmel über der Wüste".

45 Fort Miribel, im Süden von El Golea, wurde 1894 nach dessen Eroberung durch französische Truppen im Jahre 1891 errichtet. Der Name Miribel bezieht sich auf den algerischen General Miribel.

46 Irish Stew ist ein klassisches irischer Eintopf, der aus Karotten, Zwiebeln, Kartoffeln und Rind- oder Hammelfleisch, das mit Kümmel gewürzt wird, besteht.

47 Mit diesem Wort „Gerätschaften" sind wohl die teuer erstandenen Grillards gemeint.

48 Die Stadt Dakar entstand 1857 rund um ein französisches Fort und einen Hafen, der später zu einem Flottenstützpunkt wurde, und löste schließlich 1895 Saint-Louis als Hauptstadt von Französisch-Westafrika ab; 1959 bis 1960 war Dakar die Hauptstadt der kurzlebigen Mali-Föderation, danach die Hauptstadt von Senegal. Über Dakar und der der Stadt vorgelagerten Insel Gorée wurden mehr versklavte Afrikaner verschifft als von jedem anderen afrikanischen Hafen.

49 Französisch-Westafrika war von 1895 bis 1958 die Bezeichnung für die Föderation der französischen Besitzungen in Westafrika; dies waren Mauretanien, Senegal, Französisch-Sudan, Niger, Guinea, Dahome, Obervolta, Obersenegal und Niger sowie die Elfenbeinküste. Bis 1902 war Saint-Louis Hauptstadt Französisch-Westafrikas, wurde dann aber von Dakar abgelöst. Oberster Verwalter war ein Generalgouverneur. 1958 wurden die Kolonien zu autonomen Republiken, mit Ausnahme Guineas, das sich für die Unabhängigkeit entschied.

50 Tamanrasset ist eine in der Sahara gelegene Handels- und Touristenstadt im Süden Algeriens; heute ist sie insbesondere als Ausgangspunkt für Exkursionen ins Hoggar-Gebirge bekannt. Die größte Bevölkerungsgruppe bilden die Tuareg.

51 Das Landschaftsbild stellt sich als von der Sonne ausgebleichte und ins Schwarze verfärbte Gneiskegel, die aus einer mit gelbem Sand gefüllten Ebene herausragen, dar. In die Ebene eingestreut sind Blöcke als Reste eines abgetragenen Urgebirges, farblich ganz dem Sand entsprechend. Die bis zu 2000 m aufragenden Mouydir-Berge tauchen ein in ein tiefes Himmelblau, was besonders in den frühen Morgenstunden glasklar erscheint. Dort, wo Vegetation gedeiht, tritt zu diesem Dreiklang an Farben – schwarz, gelb, blau – als Viertes noch ein frisches Grün hinzu. Dies ist das charakteristische Landschaftsbild des wild zerklüfteten Mouydir-Gebirges.

52 Bei Arak in Algerien, mitten in der Wüste, steht das Grab eines Marabout, den nach altem Brauch jeder Saharafahrer dreimal umrunden muss – so jedenfalls heißt es heute unter denen, die sich mit Motorrädern oder geländegängigen Fahrzeugen auf diesen Weg machen.

53 Dieser extrem feine, puderartige Sand erhöht das Risiko, stecken zu bleiben. Er verringert die Sicht beträchtlich und ist bei dicht aufeinander folgenden Fahrzeugen, wie etwa bei der Rallye Paris-Dakar, gefürchtet.

54 Noch heute berichten Saharafahrer von der Strecke Tamanrasset bis zur algerischen Grenzstation In-Guezzam als von der schlimmsten Strecke der Sahara überhaupt: 400 km Sandfelder, eine sehr schwierige Piste, und alleine sollte man die Tour schon erst gar nicht unternehmen.

55 Französisch für „sehr schlecht"

56 Charles Markham gelang 1928 mit Bror von Blixen-Finecke, dem Ehemann von Karen Blixen, der bekannten dänischen Autorin, als erster mit einem amerikanischen Allrad-Serienwagen vom Typ „International" in 15 Tagen die Sahara von Süd nach Nord zu durchqueren, 2.818 Meilen von Kano in Nigeria nach Algier.

57 Nairobi ist die Hauptstadt Kenias.

58 Das Observatorium bei Tamanrasset existiert noch heute und arbeitet im Bereich der magnetischen Grundlagenforschung.

59 Tamanrasset liegt auf 1.400 m Höhe, in der Zentralsahara, am Rand des Hoggar, des höchsten Gebirges Algeriens. Der Adrian, der Berg mit der „Zahnlücke", wie die Kinder sagen, ist das Wahrzeichen der Stadt – ein Krieger, auf der Flucht vor Feinden, soll die Kerbe in den Berg geschlagen haben.

60 Soweit sich ermitteln lässt, gehören die Tuareg noch heute zu den von christlichen Missionsbemühungen unerreichten Völkern.

61 Der Bergbau boomte gewaltig in den 30er- und 40er-Jahren und betrieb eine unnachahmliche Ausbeutung und Plünderung des Kongo. Nach der Niederschlagung der Sezessionsbestrebungen in der an Mineralstoffen reichsten Provinz der Kolonie Katanga 1931 und durch den 2. Weltkrieg expandierte die Industrie des Kongo; insbesondere die Uran-, Kupfer-, Palmöl- und Gummiindustrie erlebte einen großen Aufschwung.

62 Ob mit diesem General Piggott der spätere Major General Francis J.C. Piggott identisch ist, war nicht zu klären; dieser wurde 1910 geboren, besuchte die königliche Militärakademie in Sandhurst, sprach Japanisch und verlor 1937 durch einen Unfall ein Auge. Im 2. Weltkrieg diente er in Frankreich, später in Neuseeland und Nordirland bis er schließlich 1946 dem Hauptbefehlshaber der alliierten Streitkräfte gegen Japan, General MacArthur, unterstellt wurde. Nach dem Krieg war er einige Jahre in Deutschland und Frankreich stationiert. Er starb 1966.

63 Der „Cafard" ist ein schwarzer Käfer, ähnlich der Kakerlake, der einen Legionär zum Wahnsinn treibt, so jedenfalls heißt es in den Marschliedern der Fremdenlegion.

64 Die Vögel sind leider nicht zu identifizieren; evtl. weist der Name Powisland gar auf das Prince of Wales Island bei Alaska hin.

65 Devonshire, wohl die Heimat der Harrisons, ist eine Grafschaft im Südwesten Englands. Die größte Stadt Devons ist Plymouth, aber seine Hauptstadt ist Exeter. Devon ist einerseits für seine pittoresken Küstenstädte und andererseits für die Dartmoor- und Exmoor-Nationalparks bekannt.

66 Die BBC war anfangs stark auf die Informationsversorgung der britischen Kolonien und der Commonwealthstaaten ausgerichtet. Ab 1932 versorgte der damalige Empire Service diese Gebiete mit regelmäßigen Kurzwellensendungen. Der spätere Auslandsdienst BBC World Service verdiente sich aber auch Reputation durch die unabhängige Informationsversorgung von weltweiten Krisen- oder Kriegsgebieten.

67 In der gesamten islamischen Welt ist das Ait El Kebir, das Große Hammelfest, wie bei

uns Weihnachten, Ostern und Pfingsten zusammen. Auf den Straßen und in den Gassen begegnet man festlich gekleideten, nach schwerem Parfum duftenden Menschen, die wie bunte Farbtupfen in archaischer Kulisse umhertreiben. Für mehrere Tage steht das öffentliche Leben still. Familien treffen sich und feiern das Fest der Feste, für das jeder, der es sich leisten kann, einen Hammel schlachtet. Dieser Brauch soll an die Opferung Isaaks durch Abraham erinnern.

68 In Ekker hat heutzutage einen etwas unrühmlichen Klang, denn der französische Staat hat 1962 dort eine Basis für Atomwaffenversuche behalten. Dieses Gelände, wie auch andere, deren Existenz bekannt war, wurde 1967 geräumt. Die Nuklearversuche konnten mittlerweile auf dem Mururoa-Atoll im französisch beherrschten Südpazifik stattfinden, die Raketentests wurden auf die Raumfahrtbasis in Kourou/Französisch-Guayana verlagert. Die militärische Ausrüstung der Atomtestbasen wurde der algerischen Armee überlassen.

69 John North Willis „Willys" (1873-1935) gründete 1909 eine Automobilfirma und übernahm im gleichen Jahr die seit 1903 bestehende Automarke Overland. 1926 war das Unternehmen der drittgrößte Automobilhersteller Amerikas. Nach einem Bankrott wurde 1936 die Firma unter dem Namen Willys-Overland Motors neu gegründet. Willys-Overland Motors wurde 1945 nach mehrjährigem Rechtsstreit der Schutz für den Namen „Jeep" gewährt. Heute gehört das eingetragene Warenzeichen „Jeep" Daimler-Chrysler.

70 Vgl. die Schilderung oben zum 27. Dezember

71 Freunde von der Hinreise

72 Die Wohlmann-Reederei ist nicht ermittelbar; evtl. liegt hier auch ein Schreibfehler vor.

73 Die Gründung der Stadt Port Elizabeth steht in engem Zusammenhang mit dem wachsenden Einfluss der Engländer am Kap. 1799 ließen sie hier das Fort Frederick errichten – vor allem mit dem Ziel, die rebellischen Burengemeinden im Hinterland besser kontrollieren zu können. Die Anglisierung am Kap machte von da an rasche Fortschritte. Viele Engländer, die wegen der Industrialisierung in ihrer Heimat Not und Elend erleiden mussten, entschlossen sich zur Auswanderung. 1820 gingen die ersten 4000 britischen Siedler in Algoa Bay bei Port Elizabeth an Land. Benannt wurde die Stadt nach der Frau des damaligen Kap-Gouverneurs Sir Rufane Donkin.

74 Der Name dürfte Sheila als Adressatin des Textes wohl bekannt sein, allerdings ist eine konkrete Person heute nicht mehr ermittelbar.

75 Sir Charles Burnett (1882-1945) war Feldmarschall der britischen Luftwaffe, diente als Kommandant der britischen Streitkräfte 1932-1935 im Irak, war Oberbefehlshaber des Luftwaffenausbildungskommandos von 1936-1939 und Kommandant des Luftwaffenpersonals der australischen Streitkräfte von 1939-1942.

76 Am 12. März 1938 ließ Hitler Soldaten der Wehrmacht und Polizisten in Österreich einmarschieren. Sie wurden von der anwesenden Bevölkerung vielfach mit Jubel empfangen. Noch am selben Abend trafen in Linz Hitler und der österreichische Bundeskanzler Seyß-Inquart zusammen und vereinbarten die sofortige Durchführung der „Wiedervereinigung". Am 15. März verkündete Hitler auf dem Heldenplatz in Wien unter dem Jubel zehntausender Schaulustiger „den Eintritt meiner Heimat in das Deutsche Reich".

77 Gemeint ist wohl die französische Hafenstadt Sète.

78 Ursprünglich 1833 als „Lloyd Austriaco" gegründete Versicherungsgesellschaft, die kurz darauf auch ins Reedereigeschäft einstieg und Anteilseigner des Suezkanals war; nach dem Ersten Weltkrieg benannte sich die Gesellschaft gemäß ihrem Sitz in

„Lloyd Triestino" um. Nach den Verlusten im 2. Weltkrieg konzentrierte sich der Lloyd auf den Aufbau des Containergeschäftes und wurde zu einer der bedeutendsten Reedereien im Mittelmeerraum. Seit 2003 schickt die Firma ihre Schiffe auch über den Atlantik. Seit dem 1. März 2006 trägt sie nunmehr den Namen „Italia Marittima".

79 Die Reederei Schiaffino ließ die meisten ihrer Schiffe in Norwegen bauen. Einige davon veräußerte sie im Oktober 1933 an eine französische Gesellschaft, die manche von ihnen dann wiederum 1939 an eine algerische Company verkauften. Von den zwanzig Schiffen, die Schiaffino besaß, verlor die Company 13 im Kriege.

80 Im Jahre 1904 erschien die erste Ausgabe der „Overseas Mail", aus der 1905 die „Continental Daily Mail" wurde. Diese versorgte die im Commonwealth lebenden Auslandsbriten mit Informationen aus der Heimat.

81 Maurice Chevalier (1888-1972) war ein französischer Schauspieler und Chansonsänger, der im Laufe seiner Filmkarriere über 50 Filme drehte. Höhepunkt war die männliche Hauptrolle in dem Hollywood-Film Gigi, der 1959 neun Oscars erhielt. – Mit dem Theater könnte Kathleen auch ein Kino meinen, in dem dann wohl der Chevalier-Film „Break the News" von 1938 lief, eine Stummfilmkomödie britischen Humors.

82 Die Geschichte, Gründung und sofortige Blütezeit von Sète begann eigentlich erst unter Ludwig XIV., der den Canal Royal de Languedoc, den späteren Canal du Midi anlegen ließ. 1673 erhielt die königliche Stadt Privilegien, 1691 wurde die Mitbestimmung der Bürger eingeführt und sie wurde Admiralssitz. Die reichen Händler aus Montpellier eröffneten Filialen und investierten. Im 18. Jahrhundert wurden besonders Wein, Spirituosen und Salz ausgeführt, Zucker und Tabak aus den französischen Besitzen der amerikanischen Inseln eingeführt und an Ort und Stelle verarbeitet. Während der Revolution und unter dem Empire verlangsamte sich der Seehandel. Aber mit eintretendem Frieden und der Einführung der Eisenbahn 1839 erfuhr Sète von neuem eine Zeit des Wohlstandes. Die Stadt erlag im Zweiten Weltkrieg zu 80% den Bombardierungen der alliierten Kräfte und den Zerstörungen des Hafens, der Brücken und Kais beim Abzug der deutschen Truppen. Sète trieb einen florierenden Handel mit Algerien. Seit der Unabhängigkeit Algeriens wurden die Weinimporte gebremst und zahlreiche Weinhändler mussten schließen. Der Hafen ist heute der zweitwichtigste Handelshafen des französischen Mittelmeergebietes.

83 Noch heute gibt es auf Jahrmärkten diese klassische Steilwand-Vorführung, bei der ein Motorradfahrer eine senkrechte Wand, die Todeswand, entlangfährt.

84 Die Griechen in Marseille gründeten hier um 350 v. Chr. eine Unterkolonie, der sie den Namen Olbia gaben; die Römer bauten die Stadt zu einer Festung aus. Im Mittelalter verschob sich das Stadtzentrum an den Fuß der Anhöhe. Unter der Herrschaft der Herren von Fos dominierte sie gar über das rivalisierende Toulon. Doch im 17. Jh. wurden die Befestigungen geschleift. Ein neuer Aufschwung kam im 19. Jh., als Hyères einer der beliebtesten mondänen Badeorte der Riviera war. Auch die Iles d'Hyères waren ebenfalls schon in griechischer Zeit besiedelt. Vom 7. bis 16. Jh. waren sie berüchtigte Piratennester. Richelieu ließ sie 1634 befestigen. Heute ist es aufgrund der besonderen Beschaffenheit der Strände an der Halbinsel von Giens vor allem ein Eldorado für Windsurfer.

85 Das kleine Fischerdorf, das wohl auf eine griechische Gründung zurückgeht, hat sich mit aufkommendem Tourismus zu einer wahren Hochburg desselben entwickelt und verfügt heute über zahlreiche gut ausgestattete Campingplätze, Hotelanlagen und Apartmentwohnungen.

86 Seit dem 17. Jh. haben sich die Parfümeure aus Grasse auf die Extraktion des Blütensafts spezialisiert, besonders für Orangenblüten und Jasmin. Die früher charakteristischen Blumenplantagen um Grasse sind heute selten geworden, da die Blüten meist

aus Billiganbauländern wie Marokko, Bulgarien, Indien oder der Türkei importiert werden. Die in der Parfümindustrie gewonnenen Duftstoffe werden neben Parfüm für Kosmetik, Spülmittel, Waschpulver, aber auch für Lebensmittelgeschmacksstoffe verwendet.

87 Eingeführt wurde diese Zeitumstellung erstmals 1916 in Irland unter dem Namen „Daylight Saving Time" („Tageslicht sparende Zeit") zu dem Zweck, die Stundenzahl mit nutzbarem Tageslicht zu vergrößern. Das erste Land der Welt aber, das die Uhren umstellte, war am 30. April 1916, Deutschland.

88 Gibraltar wurde nach den Spanischen Erbfolgekriegen 1713 im Vertrag von Utrecht formell den Briten zugesprochen und ist seit 1730 britische Kronkolonie.

89 Ein Spiel, bei dem man an Deck mit runden Taustücken in einen Kreis zu zielen versucht

90 Nachdem das Angebot Cecil Rhodes, das Gebiet Malawis unter Hoheit der British South Africa Company (BSAC) zu stellen, von Missionaren und Siedlern gleichermaßen abgelehnt wird, gründet sich im Mai 1891 das Britische Zentralafrika-Protektorat, das später in Protektorat Nyassaland umbenannt wird. Hier, wenn auch später als in vielen anderen britischen Kolonien, wird das System des so genannten „Indirect Rule" eingeführt: Die Kolonie wird von afrikanischen Stammesoberhäuptern regiert, die unter Hoheit der britischen Regierung stehen. 1907 wird das Protektorat in die Kolonie Nyassaland umgewandelt. Doch die Unzufriedenheit mit der britischen Hoheit sowie die Opposition dagegen finden ihren Ausdruck 1940 in der Gründung von Wohlfahrtsorganisationen und politischen Parteien, v.a. des Nyasaland African Congress (NAC). 1964 wird Nyassaland im Rahmen von Malawi unabhängig.

91 Die Äquatortaufe ist so alt wie die Seefahrt selbst. Gilt es doch, die staubigen und unreinen Bewohner der Nordhalbkugel gehörig vom Schmutz zu reinigen, um sie würdig zu machen für Neptuns erlauchtes Reich.

92 Lorenzo Marques ist der portugiesische Name der heutigen Hauptstadt von Mosambik, Maputo. Die Stadt wurde 1875 gegründet und erhielt erst 1976 ihren heutigen Namen.

93 Benannt wurde Somerset West im Jahre 1819 nach Lord Charles Somerset; es liegt unterhalb des Helderberges, welcher wiederum zu den Hottentots Holland Mountains gehört, und etwa 50 km östlich von Kapstadt. Die begünstigte Lage dürfte auch für den wirtschaftlichen Aufschwung von Somerset West verantwortlich sein. Als Wohngegend war und ist Somerset West einer der begehrtesten Orte im Kapland.

94 Die Proteas, und unter ihnen insbesondere die Königsprotea, die besonders schön gefärbte, große Blumenköpfe aufweist, gelten als die Nationalblumen Südafrikas. Ihre Blüten ähneln den Disteln, und durch ihre Größe strahlen die roten, gelben, weißen und silbrig leuchtenden Blumen eine majestätische Würde aus.

95 Noch Anfang des 19. Jahrhunderts durchstreiften riesige Elefantenherden das östliche Kapland, als aber immer mehr Farmer die Region besiedelten, entstanden erste Konflikte. Mit der zunehmenden Rodung des Buschlandes wurde den Elefanten der angestammte Lebensraum genommen und sie konnten nur noch auf das neue Farmland ausweichen, wo sie dann die Äcker verwüsteten. Zum Schutz des Farmlandes beauftragte 1919 die Kapregierung Major Pretorius mit der Problemlösung und der rottete binnen weniger Jahre fast alle Elefanten aus. Wäre die Öffentlichkeit nicht eingeschritten, hätte wohl kein Elefant überlebt. Nur elf Elefanten haben diese Abschlachtung überlebt. Auf öffentlichen Druck beendete die Regierung 1930 dieses Massaker. 1931 wurde für die Überlebenden ein etwa 70 Quadratkilometer großes Landstück als neue Heimat zur Verfügung gestellt. Der Addo Elephant wurde zum Nationalpark erklärt und später mit elefantensicheren Zäunen umgeben.

96 Uitenhage wurde 1804 gegründet und ist benannt nach Jacob A. Uitenhage de Mist, dem Generalbevollmächtigten des niederländischen Teils der Kapkolonie.

97 Die Collegiate Girl's High School existiert noch heute. Die ursprünglich private Institution wurde 1874 gegründet und bezog 1878 bereits ein eigenes Gebäude und wurde erst im Jahre 1900 unter staatliche Aufsicht gestellt.

98 Kirkwood ist heute insbesondere als Zentrum der Zitronenproduktion ein Begriff.

99 Gemeint ist die ehemalige südafrikanische Provinz Natal; ihr heutiger Name ist Kwa-Zulu-Natal.

100 Im Jahre 1995 wurden die Zuurberge in den Addo National Park integriert.

101 Der Film heißt im Original „A Yank at Oxford", wurde 1938 von Jack Conway gedreht. In ihm spielt unter anderem die später als Filmpartnerin von Clark Gable berühmt gewordene Vivien Leigh mit.

102 Grahamstown, das rund 60 Kilometer von der Küste entfernt liegt, wurde 1812 von Oberst John Graham gegründet, und diente zunächst als Militärstützpunkt zum Schutz britischer Siedler gegen die Xhosa, die man im Zuge der Ausdehnung der Kap-Kolonie gewaltsam zurückgedrängt hatte. Immer wieder kam es in der Folge im Grenzgebiet zu Überfällen und Plünderungen durch die Xhosa, und viele Siedler gaben ihre Farmen auf und zogen in die Stadt, wodurch Grahamstown Ende des 19. Jahrhunderts zweitgrößte Stadt der Kap-Kolonie wurde.

103 D.S.G. ist hier die Abkürzung für „Diocesan School for Girls".

104 Durch die ständigen Kriege mit den Xhosa entstanden mehrere Forts im Grenzbereich, darunter auch Fort Beaufort.

105 England verwaltete ab dem 19. Jh. die Transkei, in der gut ein Drittel der Xhosa wohnen. Seit 1963 verfügt die Transkei über eine innere Selbstverwaltung und wurde als erstes Bantu-Homeland am 26. Oktober 1976 formal in die Unabhängigkeit entlassen; diese wurde international nie anerkannt.

106 Umtata war die Hauptstadt des ehemaligen Homelands Transkei. Die Siedlung wurde 1879 vom anglikanischen Bischof Richard Calverley als Stadt angelegt. Der ehemalige südafrikanische Präsident Nelson Mandela wuchs in Qunu, südwestlich von Umtata, auf.

107 Der natürliche Ankerplatz wurde am 25. Dezember 1497 vom portugiesischen Seefahrer Vasco da Gama auf seiner ersten Indienreise entdeckt. Da Gama nannte den Ort nach dem Entdeckungstag Rio de Natal, woraus später Port Natal wurde. Dreihundert Jahre war Port Natal eine Zufluchtsstätte für Schiffbrüchige, Sklavenhändler und Kaufleute. Erst 1823 gründeten britische Siedler eine permanente Siedlung. 1835 erhielt sie zu Ehren des damaligen Gouverneurs der Kapkolonie, Benjamin d'Urban, ihren heutigen Namen. Während seines Aufenthalts in Südafrika (1893-1915) arbeitete Mahatma Gandhi für längere Zeit als Anwalt in Durban.

108 Zahlreiche bedeutende Schlachten fanden in dieser Gegend während des Burenkrieges statt. Ausstellungen über diesen Krieg können im Robert E. Stevenson-Museum in Colenso besichtigt werden. Und auch während der Belagerung von Ladysmith, die einhundertachtzig Tage dauerte, gab es zahlreiche Schlachten zwischen Briten und Buren.

109 Gemeint ist der Oranja Vrystaat, eine Provinz Südafrikas, deren Hauptstadt Bloemfontein ist.

110 Die Karoo ist eine Halbwüstenlandschaft, die fast ein Drittel des Territoriums der Republik Südafrika umfasst. Ein Teil der Great Karoo bei Beaufort West ist seit 1979 als Karoo Nationalpark geschützt.

111 Heute dehnen sich die Halbwüsten gerade deswegen aus, weil sie von den Schafherden der Großfarmer überweidet werden.

112 Gemeint ist hiermit die East Cape-Provinz.

113 „The Garden Route": Die Route von Kapstadt entlang der Küste ins knapp 800 Kilometer entfernte Port Elizabeth zählt zu den touristisch attraktivsten Strecken Südafrikas. Zwischen Mossel Bay und dem Tsitsikamma Nationalpark wird die Küste besonders abwechslungsreich. Vorbeisegelnde Seefahrer bezeichneten dieses Stück Natur früher als „Garden Route", weil sie auf eine Küste weißer Strände, dunkler Berge, grüner Wiesen blickten.

114 Heute befindet sich dort einer der berühmtesten Golfplätze Südafrikas.

115 Van der Stel übernahm 1662 als Gouverneur die Kolonie von Kapstadt. Im Jahr 1683 bekam er wegen seiner Verdienste ein riesiges Grundstück auf der Rückseite des Tafelberges überschrieben. Auf diesem Grundstück (Constantia) testete van der Stel, welche Nutzpflanzen dort am Bbesten gedeihen, der Ertrag jedoch war nicht ausreichend, um die Bevölkerung und die Seefahrer zu versorgen, so dass er sich weiterwandte und das fruchtbare Tal bei Stellenbosch entdeckte. 1695 baute Simon van der Stel ein kapholländisches Gutshaus und ging dort 1699 in Ruhestand. Er übergab seinem nicht gerade erfolgreichen Sohn all seine Ämter. Simon van der Stel verstarb 1712 in seinem Privathaus in Constantia.

116 Gemeint ist hier die West Cape-Provinz.

117 Der Artikel stammt wohl aus der „Cape Times" vom 4. Juni 1938.

118 Weder eine Schauspielerin, noch eine Regisseurin dieses Namens ließ sich ermitteln.

119 Sie berichtete am 30. Mai davon.

120 Seit 1992 gehört der Landsitz „Morgenster" dem italienischen Unternehmer Giulio Bertrand, der dort dank seiner Erfahrungen aus der Toskana hochqualitatives Olivenöl und Rotweinsorten anbaut.

121 Kathleen erinnert hier an die Begegnung vom 26. Dezember.

122 Das südafrikanische Wort bezeichnet eine spezielle süße Orangenart von der Größe einer Mandarine.

123 Heute liegt das Gelände in der Schutzzone der Knysna National Lake Area.

124 Der Karibadamm liegt an der Grenze zwischen Sambia und Simbabwe. Er staut den Sambesi zum Karibasee auf. Die Bauarbeiten daran währten von 1955 bis 1960.

125 Die Redensart kommt aus der Marinesprache, denn wenn die Leine lose im Wind hängt, ist das Segel nicht mehr fest, und hängen drei Leinen lose im Wind, ist das Schiff außer Kontrolle.

Ohne Vergangenheit keine Zukunft!

Wäre es nicht ein Verlust für künftige Generationen, wenn die Urlaubsgewohnheiten unserer Eltern und Großeltern nur noch in wenigen Museen ohne Bezug zur Realität gezeigt würden?

War doch die Campingtechnik der letzen 70 Jahre schon vielfältiger und auf einem höheren technischen Stand, als sich das viele heute vorstellen können. Nur konnten es sich die meisten Menschen damals nicht leisten, hatten aber trotzdem – oder gerade deswegen – so viel Freude an der Urlaubsform „Camping". Vieles, was sich die Wegbereiter des Campings erdacht hatten, ist heute in verbesserter Ausführung selbstverständlich geworden.

Camping aus dem vorigen Jahrhundert ist wahrlich eine ganz besondere Variante der Freizeitgestaltung. Eben eine ganz spezielle Oldtimer-Campingliebe.

Genau damit beschäftigt sich der Camping-Oldie Club e.V., Deutschlands einzige Interessengemeinschaft zur Erhaltung alter Zelte, Zeltanhänger, Klappcaravans, Wohnanhänger, Reisemobile und der Pflege alten Campingbrauchtums.

Einzutauchen in die Anfänge dieser heute stark expandierenden Urlaubsform, ist ein spannendes und attraktives Erlebnis.

Wer diesem anderen Campingbewusstsein frönen möchte, sollte sich dem COC e.V. anschließen.

Er wird in eine Welt eintauchen, die mit Gesprächen über Reiseziele und Reiseerfahrungen, mit generationsübergreifendem Gedankenaustausch, mit Kinderlachen und selbstgebackenem Kuchen, mit gemeinsamem Frühstück und handgemachter Musik am abendlichen Lagerfeuer zu tun hat.

Herzliche Grüße,
Reinhard Falk
Vorsitzender des COC e.V.
www.cocev.de

Bereits erschienen:
LESERBÜCHER

LESE®BUCH 1
Marianne Schmöller:
Jugendtraum Peloponnes
Mit dem Caravan durch Griechenland
108 Seiten, 33 Abb. sw,
ISBN 3-928803-22-0,
9,90 Euro, Bestell-Nr.: LB 01

Marianne und Franz Schmöller, beide über 65 Jahre alt, haben ihre Jugendträume, die sie in und um Rosenheim hegten, bis ins Alter nicht vergessen. Ihre Träume, die sie auf Reisen in die Ferne lockten, blieben lange unerfüllt.
Erst jetzt, nach langem Familien- und Arbeitsleben sowie Aufbau einer eigenen Firma im Rentenalter, haben die beiden ihre Träume zurückgeholt und versuchen nun, auf ihren Reisen die Welt ihrer Träume aus den jungen Jahren einzufangen. Das Nordkap war ihr erstes großes Ziel. Dann folgten ausgedehnte Reisen nach Griechenland und Spanien.
Mit dem Caravan sind sie unterwegs, weil sie damit unabhängig sind. Diese Freiheit hat natürlich auch bei Schmöllers ihre eigene Geschichte. Allzu oft mussten sie gebuchte Bungalows und Hotels wieder abbestellen, verloren dabei Geld und Freude am Reisen, nur weil in der Firma unaufschiebbare Probleme aufgetaucht waren. Die zielstrebigen Unternehmer gingen diesen unerfreulichen Tatbestand zielstrebig an, und fanden für sich und ihre Familie eine flexible Lösung: Reisen im Wohnwagen.
Mal stand der Caravan in den nahen Alpen, mal am See, aber nie zu weit von zu Hause weg. Schmöllers verbrachten ihren Jahresurlaub im Wohnwagen, und häufig eben mal ein verlängertes Wochenende. Auch Wintercamping war schon bald angesagt und gehörte zum festen Jahresreiseprogramm.
In Rente lautet nun die neue Devise: Fernreisen. Die wollten Marianne und Franz Schmöller nur mit einem ganz neuen Gespann wagen. Seit zwei Jahren hängt deshalb am Allrad-Nissan X-Trail ein Fendt platin.
Die vielen Erlebnisse fesselten Marianne Schmöller so sehr, dass sie beschloss, das Erlebte niederzuschreiben. Franz Schmöller oblag die Dokumentation mit der digitalen Kamera. Was zunächst nur fürs heimische Familienalbum gedacht war, wuchs sich zur handfesten Reisebeschreibung aus. Von Freunden und Verwandten ermutigt, wagte Marianne Schmöller schließlich eine Anfrage nach einem kleinen Büchlein beim DoldeMedien Verlag. Dort fiel die Idee „Leser schreiben für Leser" auf fruchtbaren Boden – und das LESE®BUCH wurde geboren.

LESE®BUCH 2
Hans-Georg Sauer: **Der vierte Versuch**
Mit dem Wohnmobil zum Nordkap
72 Seiten, 22 Abb. sw + Karte,
ISBN 3-928803-23-9,
7,90 Euro, Bestell-Nr.: LB 02

Hans-Georg Sauer ist Reisemobilist mit Leib und Seele. Das Reisemobil ist für den 51jährigen Hobby und Tür zu seinem ganz persönlichen Stückchen Freiheit: „Reisen, wohin ich will. Essen, wenn ich hungrig, schlafen, wenn ich müde bin. Und ich kann mich nicht verfahren, sondern allenfalls ein anderes schönes Ziel finden."
Diese Gelassenheit tritt in der vorliegenden Reiseerzählung in ein witziges Spannungsfeld mit der ungeduldigen Vorfreude während der Reisevorbereitung. Hans-Georg Sauer gehört nicht zu den „Meilenfressern". Selbst in den wenigen Urlaubstagen, die ihm für seine Reisen bleiben, ist er immer offen, Neues zu entdecken, Unbekanntes zu ergründen, sich treiben zu lassen. So gelingt ihm denn auch erst im vierten Anlauf, sich den Traum zu erfüllen, den so viele mit ihm teilen: Einmal die Mitternachtssonne am Nordkap erleben. Nicht technische Defekte werfen ihn aus der Bahn. Die Aussicht auf Spannenderes und die Einsicht, nichts erzwingen zu müssen, bringen Mal für Mal den Knick in die Route.
Natürlich erzählt Hans-Georg Sauer für sein Leben gern. Im Kreis seiner Familie, Freunde und Kollegen machen seine Reiseberichte viele Male die Runde. Aus diesem Kreis kommt schließlich auch der Anstoß, seine Erlebnisse zu Papier zu bringen. In seinem Erstlingswerk gelingt ihm das spannend und unterhaltend.

LESE®BUCH 3
Leonore Schnappert: **Abenteuer Sibirien**
Mit dem Reisemobil zum Baikalsee
181 Seiten, 215 Abb. sw,
ISBN 3-928803-35-2,
14,90 Euro, Bestell-Nr.: LB 03

Leonore Schnappert (Jahrgang 1956) aus Velbert in Nordrhein-Westfalen war mit ihrem Mann Ingo in einem Flair von Niesmann+Bischoff drei Monate unterwegs. Sie legten in dieser Zeit annähernd 18.000 Kilometer zurück.
„Die Idee, mit einem Reisemobil zu fahren, hatte ich im Frühjahr 1990 nach der Grenzöffnung. Mich begeisterte der Gedanke, Ostdeutschland zu erkunden. Mein Mann erinnerte sich bei meinem Vorschlag zu einem Campingurlaub in seiner Jugendzeit und teilte meine Begeisterung nicht spontan. Während der ersten Tour bemerkte er dann schnell, dass diese Form des Reisens doch sehr bequem und angenehm sein kann. Und nach der dritten Mietaktion waren wir uns einig, dass wir zukünftig, wann immer uns der Sinn danach steht, einsteigen und losfahren wollten. Ab sofort sollte im Urlaub nur noch in eigenen Betten geschlafen werden."
Von Anfang an lagen die Ziele längerer Wohnmobilreisen im Osten. Das Paar bereiste die baltischen Staaten, Polen, Ungarn, Weißrussland, einige der GUS-Staaten und die Hohe Tatra in der Slowakei. Doch das größte Erlebnis bisher war die Reise zum Baikalsee. Täglich habe ich das Erlebte aufgeschrieben und diese Aufzeichnungen dienten als Grundlage für dieses Buch."

DoldeMedien
VERLAG GMBH

Bereits erschienen:
PRAXISBÜCHER

PRAXISBUCH Nr. 1
Konstantin Abert:
Russland per Reisemobil
Basiswissen für Selbstfahrer
140 Seiten, 53 Abb. sw,
ISBN 3-928803-26-3,
11,90 Euro, Best.-Nr.: PB 01

„Was, du willst mit deinem Wohnmobil nach Russland? Bist du lebensmüde geworden? Betrunkene an jeder Ecke, überall kleine Tschernobyls und jetzt noch die Tschetschenen. Die Mafia wird dich ausrauben und dein Camper ist auf Nimmerwiedersehen weg." Das ist vielleicht eine extreme Reaktionen, wenn Sie Ihren Freunden und Bekannten erzählen, Sie wollen mit Ihrem Camper auf eigene Faust nach Russland fahren. Die meisten werden aber zumindest ausdrücklich warnen und wieder zu Frankreich oder Norwegen raten. Natürlich sind diese beiden und andere europäische Länder absolut reizvolle Ziele. Aber im Gegensatz zu vielen Pauschalreisetouristen zeichnen sich Reisemobilsten eben durch etwas ganz Besonderes aus: sie sind Individualisten, voller Neugierde und Unternehmungslust. Sie sind bereit, hinter dem Steuer die Welt auf eigene Faust zu erkunden. Sie wollen Land und Leute kennen lernen, sie wollen neue Gebiete bereisen und so Ihren Horizont erweitern. Und damit sind sie alle kleine oder größere Abenteurer, manchmal gar Pioniere.

Russland ist dafür genau das Richtige. Es ist ein wunderschönes und geheimnisvolles Land. Es ist unvorstellbar groß, erstreckt sich vom alten Königsberg an der Ostsee über zwei Kontinente und elf Zeitzonen bis hin zum Stillen Ozean. Es hat unzählige Meeresküsten, Seen, Berge, Wälder, Ebenen, wunderschöne moderne und historische Städte, verschlafene romantische Dörfer und äußerst gastfreundliche Menschen. Es hält durch die Umbrüche in der jüngsten Geschichte viele Abenteuer parat. Vor allem ist es sehr viel sicherer als sein Ruf vermuten lässt. Kurzum: Russland ist ein Eldorado für den weltoffenen Individualreisenden.

PRAXISBUCH 2
Konstantin Abert:
Mobile Begegnungen in Russland
Mit dem Reisemobil durchs größte Land der Welt
200 Seiten, 50 Abb. sw,
ISBN 3-928803-27-1,
14,90 Euro, Best.-Nr.: PB 02

Ausdrücklich warnten uns finnische Freunde vor der Reise mit dem Wohnmobil durch die Sowjetunion: „Hier in Helsinki seid ihr sicher. Aber da drüben in Sowjetrussland ist schon wieder eine finnische Familie samt Wohnwagengespann verschollen." In unserer fünfköpfigen Reisecrew wurde danach heiß diskutiert, ob wir es denn wirklich wagen sollten, ohne Russischkenntnisse durch dieses Land zu fahren. Mit drei zu zwei ging die Entscheidung äußerst knapp für „Sowjetrussland" aus, so wie viele Finnen ihren östlichen Nachbarn leicht abwertend nannten. Wir riskierten es also und hatten 1990 so unser erstes russisches Abenteuer. Und was für eins. Wir mussten sogar die Sekretärin des Ministers für auswärtige Angelegenheiten in Batumi kidnappen, um ausreisen zu dürfen. Aber davon erzähle ich lieber etwas später.
1990 war eine politisch sehr bewegte Zeit. Die Mauer der DDR war vor einigen Monaten gefallen, die Gorbimanie in Deutschland ausgebrochen und der Irak hatte gerade Kuwait annektiert. Die Sowjetunion begann zu zerfallen. Russland war aber noch eine der 15 Sozialistischen Sowjetrepubliken. In diese bewegte Zeit fiel unsere erste Russlandreise hinein. Es war zumindest für mich der Anfang einer Leidenschaft, die eben nicht nur Leid schaffte, sondern auch viel Freude bereitete.
Seit dieser ersten Reise sind 14 Jahre ins Land gestrichen. 14 Jahre, in denen viel geschehen ist. Ich habe mich aus dem Verbund meines Elternhauses mindestens genauso friedlich und überraschend gelöst, wie Russland aus der Sowjetunion.
Blicke ich zurück auf diese 14 Jahre, schlagen über dreißig Reisen nach Russland, meist mit einem selbst ausgebauten Wohnmobil, zu Buche. Die Leidenschaft hat also angehalten und bestimmt heute sowohl mein berufliches als auch privates Leben. Meine Frau Anja habe ich auf der dritten Reise kennen gelernt, obwohl ich mir bis dahin so sicher war, niemals zu heiraten. Um sie zu beeindrucken, erlernte ich die russische Sprache innerhalb eines halben Jahres. Selten ist mir zuvor und danach so schnell so viel gelungen. Aber der Grad der Motivation war einfach nicht zu überbieten.
Beruflich bin ich als Russland-Forscher an der Universität Mainz und freier Journalist tätig geworden. Heute bewege ich mich wie ein Einheimischer in Russland und werde meist nur aufgrund des Reisefahrzeuges oder der Fotoausrüstung als Ausländer erkannt.
Ja, im Laufe der Jahre sind wir beide gereift, mein Russland und ich. Beide haben ihre wildesten Zeiten (hoffentlich) hinter sich. Sind wir also in die Jahre gekommen? Das hätte zumindest für Sie als potenzieller Russlandreisender mehr beruhigende Komponenten als für mich. In Russland geht es nicht mehr so rund, zur Zeit jedenfalls nicht. Alle die, die sich bisher nicht getraut haben, in das Land der Zwiebeltürme zu reisen, sollten das jetzt endlich tun.
Was mich ungemein geprägt und reifen hat lassen, waren die vielen Reisen, die mich schon vor der ersten Begegnung mit dem ehemaligen Zarenreich mehrmals im Jahr ins Ausland führten. Von Los Angeles bis Jordanien, von Norwegen bis Ägypten – ich fand alles hoch spannend und hatte in relativ kurzer Zeit über 50 Länder bereist. Fast immer habe ich die für mich heute attraktivste Reiseart gewählt. Mit dem Wohnmobil war alles bisher so hautnah, so individuell, so intensiv. Trotzdem kehrte ich auch von monatelangen Touren nie ausgebrannt zurück, weil ich ein Stück Heimat auf Rädern immer bei mir hatte...

Bereits erschienen:
RETROBÜCHER

RETROBUCH Nr. 1
Fritz B. Busch: **Kleine Wohnwagenfibel**
Reprint der Originalausgabe von 1961
144 Seiten, 88 Abb. sw,
ISBN 3-928803-25-5,
11,90 Euro, Best.-Nr.: RB 01

Fritz B. Busch ist schon zu Lebzeiten Legende. Der Grandseigneur unter den Motorjournalisten verzaubert seit fast 50 Jahren die Leser großer Zeitschriften mit seinem unverwechselbaren Stil. Dieses Buch schrieb er im Jahr 1961 für Einsteiger ins Hobby Caravaning. Jetzt ist die "Kleine Wohnwagenfibel" wieder da – mit den historischen Anzeigen und mit verschmitztem Humor. Genießen Sie einen Blick zurück in die Zeiten, als Familienautos wie der DKW nur 350 Kilogramm leichte Wohnwagen ziehen durften. Und als der große Schreibersmann die Freiheit im Caravan brillant und stets mit fröhlicher Ironie schilderte – schon damals also mit dem Busch-Touch, der heute ein Markenzeichen ist.

RETROBUCH Nr. 2
Heinrich Hauser:
Fahrten und Abenteuer mit dem Wohnwagen
Reprint der Originalausgabe von 1935,
228 Seiten, 60 Abb. sw,
ISBN 3-928803-29-8,
16,90 Euro, Best.-Nr.: RB 02

Es waren die ersten Pioniere des Campings in Deutschland: die Faltbootfahrer, die in der Nähe der Flüsse Zelte aufschlugen; und es waren die ersten Wohnwagenfahrer, die Neuland betraten und sich eigene Fahrzeuge bauten. Zu diesen reiselustigen Menschen zählte auch Heinrich Hauser, der als einer der Ersten Deutschland in einem Wohnwagen bereiste und dieses in einem faszinierenden Buch beschrieb.

Beim Lesen werden erfahrene Camper und Wohnmobilfahrer erkennen: „Vieles hat sich nicht geändert!". Wäre es nicht schade und ein wesentlicher kultureller Verlust, wenn die Urlaubs- und Feriengewohnheiten des letzten Jahrhunderts verloren gehen würden? – Damals, in diesen bewegten Zeiten, vor und nach einem barbarischen Krieg.

Immer mehr Menschen begannen sich mit dem Zelt oder Wohnwagen auf zwei oder vier Rädern auf die Reise zu begeben, um fremde Länder und Menschen kennen zu lernen. Es waren freundliche, aufgeschlossen Menschen mit einer besonderen Einstellung zum unkomplizierten Reisen, welche die neue Freiheit der damaligen Campingtechnik nutzten.

RETROBUCH Nr. 3
Hans Berger:
Jachten der Landstraße
Reprint der Originalausgabe von 1938,
152 Seiten, viele Abb. sw,
ISBN 3-928803-30-1,
11,90 Euro, Best.-Nr.: RB 03

Mit diesem Nachdruck von Hans Bergers „Jachten der Landstraße" liegt der erste gedruckte Wohnwagenkatalog in deutscher Sprache nach vielen Jahrzehnten wieder vor. Hans Berger, einer der großen Pioniere im Freizeitbereich, legte hiermit 1938 ein geradezu epochales Werk vor: Er stellte nicht nur seine Versuche vor, einen Reisewohnwagen zu konstruieren, sondern zeigte auch die gesamte Angebotspalette des In- und Auslandes in Wort und Bild. Mit unvergleichlicher Sammellust und Liebe zum Detail hat er sich bemüht, die Konstruktionen von Heinrich Hauser bis hin zu den gewaltigen, nur von sehr zugkräftigen Fahrzeugen überhaupt bewegbaren amerikanischen Modellen vorzustellen. Er selbst war ein begeisterter Camper, hatte auf seinem Firmengelände bei München als einer der Ersten Übernachtungsmöglichkeiten für Wohnwagenfreunde geschaffen und selber zahlreiche Reisen mit seiner Familie unternommen.

Erfahrene Camper und Wohnmobilfahrer werden viel Bekanntes an technischen und konstruktiven Details erkennen, manches belächeln, doch stets wird es eine Freude sein, zurückzublicken auf diese Anfangszeiten und zu erkennen, dass manche Probleme heute wie damals stellten, dass manche Wünsche heute wie damals dieselben blieben.

Dieses Buch war das erste Wohnwagenfachbuch und eine Fundgrube für alle, die sich mit dem aufkommenden Gedanken des Wohnwagenreisens beschäftigten. Er wollte nicht nur eine Dokumentation dessen leisten, was auf diesem Gebiet bislang ersonnen, erbaut und an Erfahrungen vorhanden war, sondern wollte den Interessierten auch Anleitung bei der Frage bieten, was für eine Art Wagen ihren Bedürfnissen und Zwecken am ehesten entspräche.

DoldeMedien
VERLAG GMBH

Bereits erschienen:
EXTREMBÜCHER

Bereits erschienen:
KINDERBÜCHER

EXTREMBUCH Nr. 1
Herbert Nocker mit Helmut Schneikart:
Die Reise meines Lebens
Mit Dixi und Dachzelt um die Welt
316 Seiten, 97 Abb. sw,
ISBN 3-928803-36-0,
19,90 Euro, Best.-Nr.: EB 01

„... Heute aber bin ich froh, ein so unverbesserlicher Träumer gewesen zu sein. Denn ich habe längst begriffen: Um all das, was mir in meinem Leben an Verrücktheiten in den Sinn gekommen ist, verwirklichen zu können, musste ich so sein, wie ich war. Andernfalls wäre ich sicher nicht auf die Idee gekommen, mit meinem Sohn in einem alten Dixi den Erdball zu umrunden..."

... und wir zwei würden jetzt nicht in deinem Wohnzimmer sitzen und an einem Buch herumtun. Wie ist es denn eigentlich für dich, wenn du für das Buch so tief in deine Vergangenheit und letztlich auch in dich selber eintauchen musst? Ist das nicht manchmal peinlich?
Nicht peinlich, eher komisch. Das kommt vielleicht daher, dass ich mich mit diesen Dingen noch nie auseinander gesetzt habe. Es gab einfach keinen Grund dafür. Jetzt aber sitzt du hier neben mir, lässt dein Tonbandgerät laufen und willst alles haarklein von mir wissen. Also nicht nur, was da im Einzelnen auf dieser Fahrt mit dem Dixi abgelaufen und geschehen ist, sondern auch, wie es dazu gekommen ist und was dahinter steckt. Ich verstehe dich ja, für ein Buch gehört das wahrscheinlich mit dazu.
Das Buch entwickelt sich auch zu einer Reise in dich selbst.
Na, servus. Klingt fast wie eine Drohung. Im Ernst: Solche Sachen hat mich zuvor kein Mensch gefragt.
Und du dich selber?
Auch nicht. Nie. Vielleicht wollte ich das alles auch gar nicht wissen. Aber ich finde es interessant, darüber nachzudenken und zu sprechen – und vor allen Dingen nach ein paar Tagen zu sehen, was du aus dem, was ich von mir gegeben habe, gemacht hast..."

Der von frühester Jugend an von Fernweh geplagte Autorestaurator und Oldtimer-Sammler Herbert Nocker, 64, erzählt dem Journalisten Helmut Schneikart, 63, wie er mit seinem Sohn Philipp, 26, die Welt umrundete – in einem selbst gebauten BMW-Dixi Jahrgang 1928 mit 15 PS und Dachzelt.

KINDERBUCH 1
Fritz B. Busch: **Unser Sturmvogel hat Räder**
Der wiederentdeckte Roman
132 Seiten, 15 Abb. sw,
ISBN 3-928803-24-7,
2. Auflage, 9,90 Euro, Bestell-Nr.: SV 01

Fritz B. Busch ist schon zu Lebzeiten Legende. Der Grandseigneur unter den Motorjournalisten verzaubert seit fast 50 Jahren die Leser großer Zeitschriften mit seinem unverwechselbaren Stil. Dieses Buch schrieb er vor gut 40 Jahren als Lesebuch für kleine und große Camper. Jetzt ist es wieder da – brillant formuliert, mit verschmitztem Humor und so frisch wie damals. Eben Fritz B. Busch.

Jede Menge
Retro-Sammlermodelle
finden Sie im Online-Shop unter
www.campers-collection.de

BESTELLSCHEIN

Einfach ausfüllen und einsenden an DoldeMedien Verlag GmbH, Postwiesenstr. 5A,
70327 Stuttgart oder per **Fax an: 0711 / 134 66-38**

Bitte senden Sie mir schnellstmöglich:

Expl.	Best.-Nr.	Kurzbezeichnung	Einzelpreis

+ Versandkostenpauschale **Inland**   3,- €
(Inland: bei Bestellwert über 20,- € versandkostenfrei)

+ Versandkostenpauschale **Ausland**
Europäische Staaten 5,- €
alle nichteuropäischen Staaten 8,- €

gesamt

Die Bezahlung erfolgt

☐ **per beigefügtem Verrechnungsscheck**   ☐ **durch Bankabbuchung**

Bankleitzahl (vom Scheck abschreiben)

Konto-Nr.

Geldinstitut

☐ **per Kreditkarte**

☐ American Express   ☐ Visa Card   ☐ Diners Club   ☐ Mastercard

Kreditkarten-Nummer   Gültig bis

Absender

Name, Vorname

Straße

PLZ, Ort

Telefon

E-Mail

Datum, Unterschrift

Rückgaberecht: Sie können die Bestellung ohne Angabe von Gründen innerhalb von zwei Wochen durch Rücksendung der Ware widerrufen. Die Frist beginnt frühestens mit Erhalt der Ware und dieser Information. Zur Wahrung der Frist genügt die rechtzeitige Absendung der Ware. Die Rücksendung muss originalverpackt und bei einem Rechnungsbetrag bis EUR 40,00 ausreichend frankiert sein, wenn die gelieferte Ware der bestellten entspricht. Andernfalls ist die Rücksendung für Sie kostenfrei. Die Rücksendung geht bitte an die Bestell-Adresse.

www.ingramcontent.com/pod-product-compliance
Lightning Source LLC
Chambersburg PA
CBHW030240170426
43202CB00007B/67